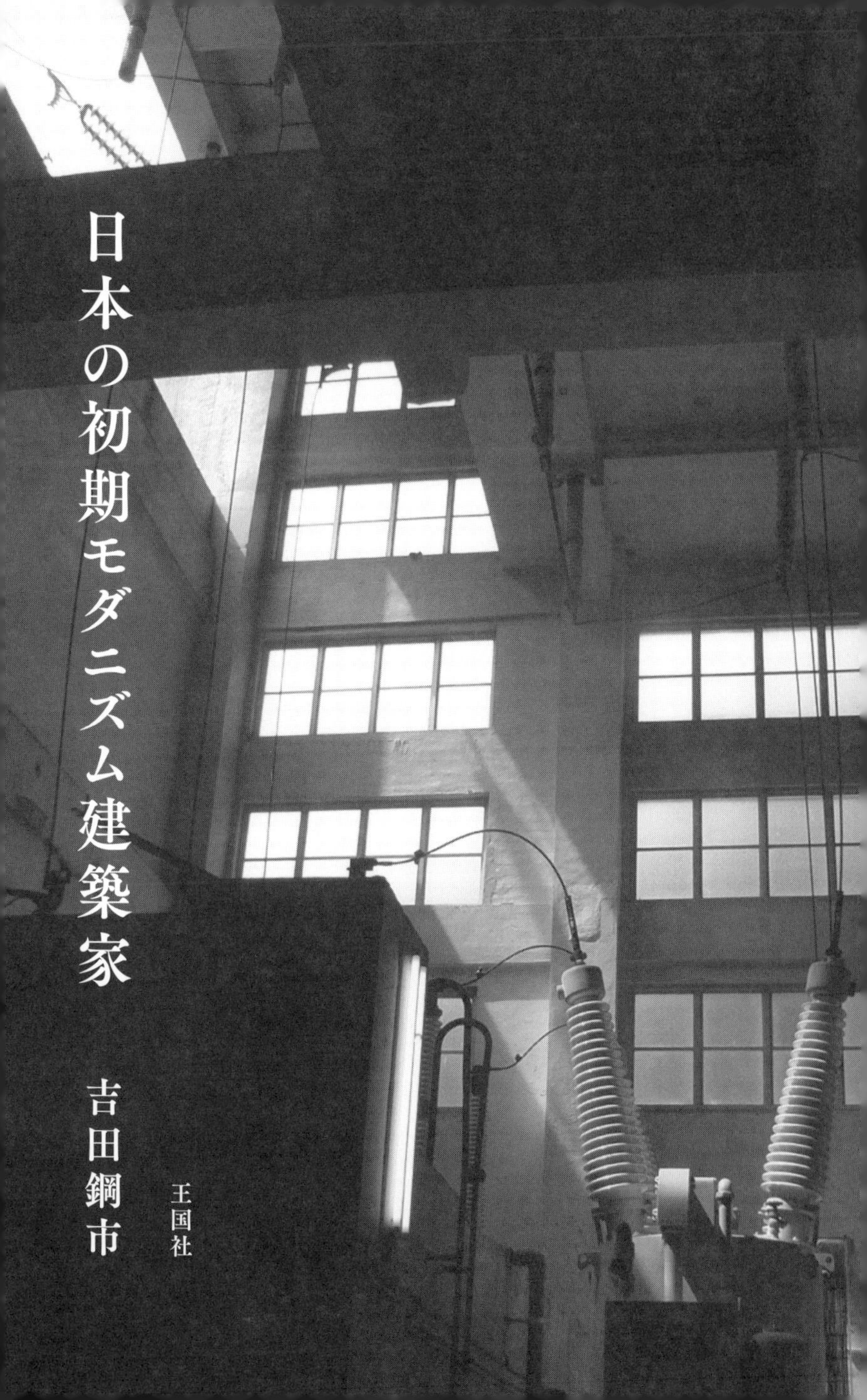

日本の初期モダニズム建築家

吉田鋼市

王国社

目次

はじめに

近代の建築の歴史を語る際の鍵となる概念は、常にモダニズムであった。少なくとも一九六〇年代の後半まではそうであった。このコンセプトは、近代の建築の歴史を語る際のすべての判断基準となっていて、それに合致するものはすぐれていて意味のあるものであり、合致しないものは古い因習的な考え方と技術を固守した捨て去るべきものであった。いや、そうしたものは歴史の発展の必然からして自ずと消えていくものとも考えられていた。そして、現実に建てられた多種多様の膨大な数の建物からモダニズムの理念にかなった建物を探すことが、近代や前近代の建築の歴史を書く際の主たる作業となった。そうした「初めての」「画期的」「斬新」なモダニズムのサンプルの発見競争は、時代を遡りすぎて、現実の背景を無視した単なる形態類似の指摘にとどまったり、時に強引なこじつけともなった。もちろん、なんらかの理念や発見的原理がなければ歴史は書けないし、真に全体をとらえた歴史というものも実際にはないから、これはこれで一つの歴史の側面を示しはしたが、一面で歴史を歪めることにもなった。

といいつつも、一九二四年にオランダのユトレヒトに建てられた建築面積が八十平方メートルほどにすぎず、いかにも鉄筋コンクリート造らしく見えるが実際は煉瓦と木でできている二階建ての住宅、リートフェルト設計のシュレーダー邸が、竣工後わずか七十六年後の二〇〇〇年に、この住宅一戸のみで世界遺産に登録されたことに見られるように、モダニズムが建築と世界を変えたという見方は揺るぎがない。

近代の建築の歴史において、モダニズムは唯物史観におけるコミュニズムに似ているし、キリスト教でいう福音にも似ている。モダニズムは正しいことばと行いであり、それを実践する人々はその使命に殉ずる使徒であり、雄々しき革命の闘士であるという見方である。つまり、モダニズム神話である。実際、モダニズムの建築家たちは、自身も社会的な正義を体現していると信じていたであろうし、彼らの業績と思想を語る人たちもそう信じていたから、彼らの伝記や経歴書は使徒行伝のようなものになりかねなかった。使徒行伝には註釈はつきものだが、史料批判は伴わない。だからそれは、一面でははっきりとしていて理解しやすいが、逆に薄っぺらなものともなりかねなかった。

建築家たちをモダニズムへと駆り立てた理由は、様々で単純一様ではない。つまるところは時代のなせる仕業ではあるが、合理的で経済的な新しい建築をもって社会を改革したいという希望はあったであろうし、発展した工業社会とコンクリートやガラスや鉄という新しい材料に合った建築を求める動きはあった。これらは建築家たちも積極的に認めるが、新しい建築運動に関する外国の書物や雑誌からの情報については進んで認めるわけではないし、それまでの歴史主義の建築に対する倦厭《けんえん》の感覚（バウハウスには歴史の教育がなく、グロピウスはハーヴァードで歴史書の閲覧を禁じた）、歴史主義の建築教育を通して形づくられる建築家のヒエラルキーに対する反感、そして時代の変動とそれに伴って変わる社会的思潮といったことについてはあまり語らないかもしれない。ともあれ、半ばは自分の意志で、そして半ばは時代の趨勢によってであろうが、彼らもまた懸命に生き、時代の証跡となる仕事を残した。

この本は、そうした日本の最初期のモダニズムの建築家の証跡である現存する建物を訪ねてみた結果の報告である。建築家ごとにとりあげたのは、モダニズムの作品は常に設計者の名とともにあり、その建築家の苦闘の成果としてとらえるやり方に従ったまでで、それにまとめやすいという単純な理由もある。また「最初期」としたのは、実際には「戦前の」という意味で、とりあげたものは原則として戦前に建てられた現存する建物に限っている。だから、それらすべてが、時代の画期をなす日本のモダニズムの作品とは必ずしもいえない。もっとも、戦後のモダニズムの建築は当り前になっていて、その数も無数であり、発見的記述ができないであろう。建築家ごとに仕事をとりあげたので、歴史主義の建物を得意とする建築家で時にきわめてモダンな仕事もした人たちの業績はとりあげていない。また、アール・デコの建築家たちの、モダニズムの作品としたほうがよい業績もとりあげていない。

逆に、ここにとりあげた建築家の仕事で、純粋にモダニズムとは言えないかもしれないものもとりあげている。実際、純粋なモダニズムを体現した建物というのは、現実にはほとんどない。ピュアなモダニズムの存在は理論的なものにすぎず、現実は常に猥雑だからである。便所はモダニズムには余計なものなのである。それにまた、モダニズムの代表作とされる作品にもなにがしか伝統的な意匠を想起させる細部が見られるし、時代を逆行する反動的作品とされる作品にも非常にモダンな処理が見られるものである。ましてや、「ジグザグ・モダン」とか「ストリームライン・モダン」とか「ジャズ・モダン」とも称され、モダンであることには変わりはないアール・デコの建物とモダニズムの建物の違いは僅かである。ここでは、よりシンプルで装飾的付加物が少ないもの、あるいは建築家がそう見えることにより積極的な意味を見出しているように考えられるものをとりあげたにすぎない。

さて、その建築家の選択であるが、まず戦前創建の作品が現存する人のみをとりあげた。とりあげた作品は、ほとんどが特段の措置をとらなくても普通に行ってみることができるが、外観しか見られない個人住宅も少し入っている。その作品の希少性と主張のユニークさの故である。人選はおおむね妥当だと思うが、さして著名ではないかもしれないが筆者の思い入れを込めた人も少し入れた。その結果が、本野精吾（一八八二〜一九四四）、アントニン・レーモンド（一八八八～一九七六）、川崎鉄三（一八八九頃～一九三二）、山田守（一八九四～一九六六）、吉田鉄郎（一八九四～一九五六）、堀口捨己（一八九五～一九八四）、土浦亀城（一八九七～一九六九）、山脇巌（一八九八～一九八七）、山越邦彦（一九〇〇～一九八〇）、坂倉準三（一九〇一～一九六九）、山口文象（一九〇二～一九七八）、谷口吉郎（一九〇四～一九七九）、前川国男（一九〇五～一九八六）の十三人である。彼らを生年順に並べた。同年生まれの人は誕生月の早い順になっている。土浦亀城と山脇巌は残っている作品も少なく、とりあげた作品も少ないので、二人で一つの章にまとめている。

くりかえすことになるが、本書は彼ら十三人の残した戦前の仕事を見て回った記録である。彼らの仕事は、英雄の戦いの跡でもなんでもなく、ひっそりと存在している。しかし、モダニズムの建物に対する一般の関心が次第に高まっていることや、ドコモモの活動によってもかなり広く知られるようになっており、それらは街づくりに欠かせない景観形成物としても扱われているようである。ちなみにドコモモ（DOCOMOMO）というのは、「近代運動の建物、敷地、周辺の資料収集活用と保存 Documentation and Conservation of buildings, sites and neighborhoods of the Modern Movement」を目指す国際的な団体で、デ・ステイルなどのモダニズムの傑作が多いオランダで、その急速な消滅状況に歯止めをかけようとして一九八八年に設立されたものである。当初の本部はデルフトであったが、二〇〇二年からはパリに本部が移り、現在六九の支部をもっている。その日本支部がドコモモ・ジャパン。モダニズムの建築への一般の関心の高まりは、このドコモモ・ジャパンの貢献が大きいが、あるいは、二〇一六年の国立西洋美術館の世界遺産登録もそうした傾向を支えているかもしれない。

モダニズムの建築家たちは正義の使徒でもなんでもないが、時代と格闘しつつも時に時代に寄り添い、逡巡し、思い悩み、そして決断してこうした仕事を残した。そうした、いわば苦闘の跡歴訪の報告である。彼ら自身の書いたものも大いに参考にしたが、建築作品とその主旨を書いた文章とは別の作品と考えたほうがよいことも多く、文章は建築作品の意図と意義を必ずしも正確に記しているわけではないから、重要と思われるもののみの参照にとどめている。といいつつ、興味深い部分は長々と引用したところもある。つまりは、彼らの主張に動かされることなく、時にシニカルにすぎるかもしれないがクールに見てまわったということである。こうした建物は、同時代に建てられた同じような傾向をもつ建物の一つに過ぎないが、たしかに時代の先端を歩んだ歴史的証人でもあり、また歴史を時に地に足の着かないいわゆるモダニズムの神話から救ってくれる大切な存在でもある。そこに見られる新しい工夫と技量と決断の跡を見ていこうと思う。まずは、これまで触れずにきたモダニズムの建築とはなにかということから始めよう。

モダニズム建築とはなにか

モダニズムとは、近代主義もしくは現代主義の謂《いい》であり、一般になにはともあれ最新の趣味や流行を追う傾向を指すが、とりわけ芸術の分野では伝統主義に対立して新しいものを好む傾向を指す。モダンであることを至上の価値とする主張である。以下の話は日本に限らない世界一般のことになるが、建築においては、ギリシャやローマやゴシックやルネサンスといった歴史的な様式になお範を求めていた伝統主義に対して、それらを一切捨て去って、まったく新しいスタイルを求めた傾向を指す。時には、それは建築の根源を問うラディカルな思考も伴っていた。時あたかも産業革命を経て隅々にまで工業化が進展していた時代であり、都市への人口集中が急速に進んで大量の住宅が必要とされていた時代であった。家具も食器も大量生産されるようになり、従来の手工業生産時代とは異なる規格が求められていた。建築の世界にも、鉄とガラスと鉄筋コンクリートという新しい材料が盛んに使われるようになり、新材料にふさわしい造形が求められてもいた。なお、鉄とガラスはセットになって十九世紀後半から盛んに使われているが、鉄筋コンクリートはむしろ二十世紀の材料で、この三種の新材料の普及の状況には約半世紀のタイムラグがある。

新しい材料や手段の登場がすぐに新しい形態を生み出すわけではない。蒸気機関車の煙突は当初はドリス式の柱のようだったし、最初期の鉄道の駅はギリシャ神殿の入り口の建物、プロピュライアを模して建てられたのである。最初の万国博覧会のパビリオンも、鉄とガラスの施設である温室に似ていた。現に、設計したのも建築家ではなく造園家であった。しかし、次第に機械がつくるに適合した形態をとるようになる。資本は無駄を嫌うのである。必要と経費が形を決めていくようになる。それは根強く残る手仕事への愛着や、伝統と繋がれているという安心感を捨てることでもあった。そしてまた、個々の個性を捨てることであった。形態は作り手の個性を超えて必然的に決まるのである。それを主義として表明したのが、機能主義とか合理主義とか呼ばれるものである。すなわち、建築は必要つまりは機能によってのみ決定される形態をとるべきだとするものであり、それが高じると機械や、一見無駄がないかに見える船や飛行機や工場を理想視するようになる。そこで敵視されたのが、いわゆる装飾であり、その装飾の忌避観は、アドルフ・ロースの名高い「装飾と犯罪」という言葉に集約されている。この「装飾と犯罪」という論考は、文化の進化と装飾の除去は同義であるとして一九〇八年に初めて書かれたものらしいが、刺激的な表題だけが一人歩きするようになってモダニズムの格好の標語となった。装飾が犯罪である主たる理由は、囚人の八十パーセントが刺青をしているという眉唾物でたわいないものであるが、装飾が人間の労働と金銭と資材の浪費で国民経済に対する犯罪だとも言っている。

装飾に相当する欧米語デコレーションと密接に関連するデコル(decor)という言葉がもともとは「ふさわしさ」、ウィトルウィウスの『建築書』を引用すれば「建物が是認された事柄によって権威をもって構成され、欠点なく見えること」(森田慶一訳)であることから分かる通り、装飾は建物が置かれた社会における状況や慣習との整合性を意味した。日本語の「よそおい」も単なる飾りから風情まで幅広い意味をもっている。つまり、装飾はどんな社会においても必要とされてきたのであり、いわば重要な「機能」をもっていたのであるが、モダニズムは「機能」を物質的なものに限定してしまい、精神的・社会的な「機能」を考慮しなかった。また、その「ふさわしさ」を決めるのは既存の慣習(ウィトルウィウス流にいえば「是認された事柄」や「権威」をもったもの)であるから、当然、保守的な姿勢と結びついた。だから、時代の変わり目には装飾が少なくなることが多く、無装飾というのは近代のモダニズムの専売特許では必ずしもない。つまり、装飾の忌避は既成の権威・慣習の破棄の要求を背景としていた。

現に、最初期のモダニズムの信奉者には権威づけられた学校などを出ていない人が多く、近代建築のパイオニアにも建築の高等教育を受けていない工芸出身者や石工といった人が少なくない。彼らは、そうした高等教育機関で育まれた人の考え方にノーを唱えたのである。

こうした装飾忌避に則って建てられた建物は、白い滑らかな表面によって囲まれたまったく装飾的細部を欠いた箱、俗に「豆腐を切ったような」と形容されるものとなった。これをフランク・ロイド・ライトは「カードボード・ハウス」(ダンボール紙の家)と評し、丹下健三は「衛生陶器」(もう少し詳しく書くと「真っ白い箱に必要な穴をあけたようなもの、それがいいのだという。だがそれは、衛生陶器のようで清潔だが感動を呼ぶようなものではない」)と呼んだ。ついでながら、ライトの「カードボード・ハウス」という言は、モダニズムの建物はダンボールでつくられた模型と変わらない、あるいはモダニズムの建物の魅力は模型でも十分に伝えられる(自分の作品のよさは模型では伝えられない)と言っているようにも思える。

モダニズムの建築が目標としたもう一つの性格が「インターナショナル」である。モダニズムはインターナショナルであることを目指した。その背景には社会主義的な思想の普及があり、多くのモダニズムの建築家たちが社会主義思想に共鳴し、そのうちの何人かはソ連を理想視し、革命間もなくのロシアを訪れている。非衛生的な住まいを強いられている多くの人々に、健康な住まいを提供したいという願いももちろんあった。国際的な建築家の組織も、最も活発だったのはモダニズムの建築家によるもので、作品のみならず活動においてもまさに彼らはインターナショナルであることを目指した。しかし、インターナショナルであることと地域の文化を尊重することとは両立しないことが多い。建築は、元来、地域の風土と文化に根ざして建つものであって、その土地の気候と近隣の既存建物を含む周囲の環境を無視してはあり得ない。しかし、モダニズムは、それらを過去の因習とひっくるめて捨て去ろうとした。そして、熱帯であろうとツンドラであろうと、砂漠であろうと森林であろうと、まわりになにがあろうとも、まるで架空の土地の更地に立つもののような同じ白い箱をつくろうとしたのである。それを可能にしたのが空調機器の発展で、白い箱を何十層も重ねて使用可能にしたのはエレヴェーターであった。モダニズムは新しい機械の力を信じて使ったのである。この地方の建築文化の軽視ないしは無視が、後にモダニズムの建築が最も強く批判されたところでもある。

というわけで、モダニズムの建築は、機能主義の建築とも、近代合理主義の建築とも、インターナショナル・スタイル（国際様式）の建築とも呼ばれることがある。このインターナショナル・スタイルという名前は、MoMAとして知られるニューヨークの近代美術館が一九三二年に開催した展覧会のタイトル（サブタイトルは「一九二二年以降の建築」）に基づく。この展覧会は美術館が建築に関する展覧会を開いた最初のものでもあるが、そのカタログと同年に出版された同名の単行本とによって広く知られることになった。その本によるインターナショナル・スタイルの建築の特色としては、①マス（量塊）や物体ではなく薄い表面に包まれたヴォリュームとしての建築、②軸をもったシンメトリーなどの明白なバランスとは異なる規則性の指向、③付加的な装飾の忌避、および材料に固有の気品、技術的完璧さ、洗練されたプロポーションの尊重、の三点があげられている。つまりは、①は重く厚い壁の建築に代わる薄い被覆で覆われた建築、②は従来の建築が左右対称を尊んでいたのに対して(建物と人体のアナロジーに基づく考え方)、そうではない微妙なバランスの追求、③は本来の材料を隠さないでそのまま見せて、その見事な施工処理、完璧なディテールを誇示しよう、ということである。ついでながら、装飾はおもに部材の方向の変わるところ(壁の上下左右の端部)や部材の継ぎ目に使われたから、その部分の処理は完璧でなくとも隠すことができたが、装飾をなくすと、そうした施工がやりにくい箇所の処理が大変になった。打放しコンクリートに施工精度の高さが求められるのも同じことである。

インターナショナル・スタイルの名づけ親は、この展覧会を企画・編集したMoMAの初代館長である美術史家アルフレッド・バーと建築史家ヘンリー・ラッセル・ヒッチコックと後に建築家になるフィリップ・ジョンソンの三人、とりわけ最初の二人らしいが、重要なのは彼らがモダニズムの建築を一つのスタイル(様式)として認識したことである。つまり、モダニズム建築の形態は機能的・合理的に自ずと決まった結果ではなく、ある種の形態を好む美学の所産であることをはっきりと指摘したのである。そして、その美学をひもとくと上記の三点になるということである。

もう一つ、モダニズムの建築の特徴としてしばしばあげられるのが、空間の相互貫入ということである。モダニズムの建築は、内部空間と外部空間の区別が定かではなくなり、内部とも外部ともいえる中間的な空間が現われたり、内部空間どうしでも異なるレベル（階）の空間も含めて自由に混じりあったりする特色をもつというのである。これは時代の画期となる科学的発見、時間と空間の相対性の建築への影響とも考えられ、一時期、「空間」とか「時空間」という言葉がキャッチフレーズともなった。しかし、これはシェル構造とかキャンティレバー（片持梁）とか吊り構造とか、目覚ましい構造技術の発展の結果という性格が強い。

ともあれ、科学・技術を信奉し、社会の進歩を信じ、慣習をひきずった土着の地方的文化を排除し、機械をモデルとした簡潔・明晰・潔癖な形態を目指したのがモダニズムの建築と言えるであろう。

モダニズム建築と社会的正義

モダニズムの建築が各地に波及していった時代は、第一次と第二次の世界大戦の戦間期である。第一次世界大戦でヨーロッパは疲弊し、代わってアメリカが台頭するようになり、パクス・アメリカーナの世界が始まりを告げた時代である。それは、アメリカの参戦が第一次世界大戦の終結に大きく影響したことでもわかる。理論的にも実作としても主としてヨーロッパで育まれたモダニズムの建築は、グロピウスやミース・ファン・デル・ローエなど幾人かの有力な建築家たちの渡米とともに、アメリカで大きく展開していくことになる。ロシア革命が起こったのも第一次世界大戦中のことで、ロシアと同盟する英仏は皇帝側を支持し、独墺伊側はひそかに革命側を支援したという。

この大戦間期、とりわけ一九三〇年代は、政治的緊張感が増した時代であり、世界の各国が建築の表現に国の威信を託す傾向が強かった時代である。国の威信を託し得るのは通常はその国の伝統的・歴史的な意匠であるから、インターナショナルを目指すモダニズムの建築は排斥されることも多かったとされる。その傾向はいわゆる枢軸国側に強く見られたが、イタリアでは必ずしもモダニズムが疎んじられたわけではない。また、英仏の連合国側にもモダニズムを敬遠してクラシックな雰囲気を持った建物が多く建てられた。革命後のロシアは、一時期モダニズム建築が活発に行われたが、スターリン体制の確立とともに排斥され、モダニズムの隆盛は短い間のことでしかなかった。つまり、政治体制の態様とモダニズム建築の受容とは、必ずしも単純な対応関係を呈するわけではないし、モダニズム建築が常に社会的正義を体現していたわけでもない。

しかし、モダニズム建築は常に理論と共に推進され、その理論は建築メディアに載せられて広まったから、そうしたメディアによってのみ歴史をとらえると、モダニズム建築のみが社会的正義をまとっていたということになりかねない。欧米で一八四〇年代に登場した建築メディアは近代運動の展開とともに隆盛を迎え、モダニズムの建築家たちは最も活発に自らの理論と作品をメディアに発表し、時には自分たちの主張と作品の発表のために自前の雑誌を発行した。また、基本的には新しいこと、珍しいこと、驚くべきことを掲載するのがメディアの常であるから、モダニズムの建築理論が最もよきメディアの素材となった。それに、急進的な変化を望まず伝統を保とうとする人たちは根本的なことは考えておらず怠慢であったのに対して、変革を求める人たちのほうはよりよく考え、根源的な思考を行っていたのである。

このメディアの活用という点で最も活発であり、かつ成功したのがル・コルビュジエであった。彼は「レスプリ・ヌーヴォー」という雑誌を創刊し、そこに書いたものを次々と「レスプリ・ヌーヴォー」叢書として単行本化し、その主張の普及を図った。ついでながら、先述のロースの「装飾と犯罪」を広めるのにも「レスプリ・ヌーヴォー」は大きな役割を果たしている（「装飾と犯罪」はしばらく出版されず、最初にフランス語の雑誌「カイエ・ドージュルデュイ」に、ついで「レスプリ・ヌーヴォー」に掲載された）。日本の若い建築家たちが彼を知ったのも、これらの雑誌や本や、それを紹介したメディアによる。ル・コルビュジエは応募したコンペに落選すると、審査の不合理性や審査員たちの旧套墨守のせいに帰して抗議し、それを本にして出した。正義は常に我にありというわけである。その最も名高い例が国際連盟のコンペ（一九二六〜七年）であり、彼はこのコンペにおける応募作品の落選の顛末を『住宅と宮殿』（1928年、井田安弘訳、SD選書）という本に仕立て上げた。そのためばかりでもないだろうが、いまでは当の国際連盟の建物（一九三七年竣工、現在は国際連合ジュネーヴ事務局）よりもこの本のほうがよく知られており、このコンペのことを調べるにもこの本に頼らざるを得ないという皮肉なことになっている。

この『住宅と宮殿』によれば、一時は一等がル・コルビュジエ案に決まりかけたところをフランス出身の審査員シャルル・ルマレスキエが強硬に反対し、審査委員長のヴィクトル・オルタもそれを支持して、結局九つの案(ル・コルビュジエ案を含む)を順序をつけずに同等とみなすことになった。ルマレスキエはル・コルビュジエの図面が応募規定にある墨入れがされていないことに強く抗議したとされるが、ル・コルビュジエの図面は墨入れはされていたがオリジナルではなくその印刷物だったともされる(このオリジナルではなくコピーを提出したということは甚だ興味深い。ル・コルビュジエは図面から始まって、メモや自分が受け取ったもののみならず出した手紙のコピーに至るまですべて残していて、ル・コルビュジエという名の下にすべての資料を保存しようとした。いわばル・コルビュジエ聖典である)。あるいは、墨入れかつ陰影がつけられていることという規定に反して陰影が施されていなかったともいう。結局、九案の応募者に建設費の増額と敷地の変更に伴う改正案の提出を求め、九案の提案者の国籍とは異なる国の五人の国連代表(日本の足達峰一郎もその一人)による新たな審査員会によって最終的にポール・ネノの案を最優秀と決め、ネノを中心に次席の三人も加わった四人による最終案（実施案とはまたかなり異なる）がつくられた。ル・コルビュジエの抗議はさらに続き、この四人による最終案のプランは自分の第二次案の剽窃だとまで言っている(長い建物を屈曲させてつなげると自ずと似たようなものになる)。こうなると真実はどこにあったかすら曖昧になってしまい、実現した国際連盟の建物もどさくさの紛料を抜け駆けした哀れなモニュメントといったことになりかねない。

似たような例が、日本の帝室博物館（現・東京国立博物館本館）のコンペ（一九三〇年）に落選した前川国男の書いた有名な「負ければ賊軍」（『国際建築』1931年6月号）である。もっとも、こちらのほうは本でもなんでもなく、雑誌に発表されたわずか一頁強の文章にすぎず、題名から想像されるほどの抗議調でもない。主調は「何れの世にも犠牲なしに勝利を獲得した新しき運動のあった事を私は寡聞にして未だ聞いておらぬ。且つ新建築それ自身新建築家の不断の精進なくして間に合せの氣紛れで建設されるものとは絶對に考へられぬ」から、自分たちの仕事は「凡ゆる困難を排して絶對に續けられ育てられねばならない」といった前向きの決意表明である。とはいえ、「我が敵」とか「迎合建築」とか「設計競技は今日の處唯一の壇場であり時には邪道建築に對する唯一の戦場である」とかいった少し激しい言葉も使われている。このコンペは、応募要項の「設計心得　第五　様式、意匠に關する事項」に「一、建築様式ハ内容ト調和ヲ保ツ必要アルヲ以テ日本趣味ヲ基調トスル東洋式トスルコト」とあった。つまり闇雲に日本趣味を要求していたわけではなく、展示物との関係から日本風もしくは東洋風を望んでいたわけである。

これに対して、前川は白い箱を王の字型に配したモダニズムの案で果敢に挑み、選外佳作にもならなかった。モダニズム建築の闘士、前川神話の始まりである。しかし、前川も応募要項をまったく無視していたわけではない。その応募案の説明書に「我々は日本古來の藝術を尊敬すればこそ敢て似非非日本建築に必死の反對をなし《ママ》。敢て無韻の壁に座を設けて古來の藝術を招ずる事が日本藝術に對して忠なる所以であり同時に陳列さるべき藝術品に對する唯一の禮である事を主張して已まざるものである。途は二つ。似非非日本建築を作って光榮の三千年を汚し民衆を欺瞞するか？　最も素直な謙譲な正直な僞なき博物館を建設して文化の正當なる継承者としての努力をなすか？　後者の途こそ眞正な日本的な途であり東洋の心でありやがて世界に擴充しまほしき宇宙の姿である。設計心得に曰く。『様式は東洋的日本的……』と。故に勿論當博物館は後者の途を選ばれるものと信じ茲に必死の勇を鼓して本計畫を最も日本的なるものの一例に提出するものである」と書いているからである。彼はまた「よしんば不幸にして自分の計畫に落度があるにしても新しき文化十字軍の一員としての共同責務の一部を果さんとせる努力に對する大きな満足がある」とも書いており、自分の行為を十字軍になぞらえているが、ちなみにル・コルビュジエもアカデミーに対する戦いを「建築十字軍」と呼んでいる。

当時、弱冠二十五歳の前川は少しヒロイズムに酔い過ぎていたかもしれないが、川喜田煉七郎も前掲の『国際建築』同号で、「問題の渡邊仁氏の一等當選案の形體的技工に先づ感心させられました。全體に極めて無造作に普通の屋根をかけて、四隅をわづかに棟をおとした切妻で輕く調子をつけた、殆んど無技工に近い日本趣味のうちに苦心したコンポヂションの跡が發見出來ませう。――現在の審査制度のうちで先づ審査の諸先生の等しく、異議なく、承認できる作らしい。二等以下になるとグットおちます」と一等案の優秀さを誉めつつも、また「畏友前川國夫《ママ》のこんどの妥協のない應募ぶりには我々として大いに敬服したい」と書いているように、同志には一定の影響を与えたわけで、成果はあったとみなされるであろう。

　十字軍と遠征（侵略）されたイスラム教国のどちらに社会的正義があったかわからないように、モダニズムの建築家たちにのみ正義があったわけではもちろんない。しかし、彼らの活発で激しく、時には独りよがりで身勝手な活動によって時代は大きく動かされていったのであり、時代もまたそれを要求していたということであろう。

モダニズム建築の保存

モダニズムは、必要のみが形態を決定し、無駄を排した軽やかなものを理想としたから、自ずとその建物は構造的にも余裕のないギリギリの状態で建っているのをよしとされた。安全を見てぼってりとした部材を使っているのは緊張感に欠けるしダサイとされたのである。そして部材が無いかに見える極限の状況に美を感じたのである。機能を特定の用途にのみ限って追究しているから、転用も考えにくい。それにモダニズムの建築は、もともと永続性とか恒久性を考慮していなかった。歴史的建築のもつ永続的記念碑性こそ、モダニズムの攻撃対象であったからである。時間の経過に対する対応もそれほど考えてはいなかった。使用される材料も量産されたもので、おおむね耐久性に乏しい。一定の時間が経てば、また造り直せばよいということになる。博覧会のパビリオンなど仮設の建物に、モダニズム建築の傑作が多いのも当然と言えるかもしれない。

モダニズムの建築は、建てられた時が最善・最美の状態で、あとは衰え醜くなるばかりである。石と煉瓦は時間の経過とともに魅力を増すこともあるが、コンクリートはただ汚れるばかり。木は古色を加えて風味を増すこともあるが、鉄はさびて劣化するばかりである。モダニズム建築の廃墟の美というのはまずありえない。したがって、そもそもモダニズムの建築に保存を考えることは、言語矛盾的な行為ということになる。にもかかわらず、ドコモモの活動もあってモダニズムの建築も保存が図られてきた。モダニズムの建築が、ある時代の建築と文化を先導した歴史的な契機だからである。先述のリートフェルトのシュレーダー邸も、グロピウスによるデッサウのバウハウスもファグスの工場も、ミース・ファン・デル・ローエのトゥーゲントハット邸も、そしてロッテルダムにあるファン・ネレ工場も世界遺産に登録されている。

日本の国立西洋美術館を含むル・コルビュジエの七か国にわたる十七作品も世界遺産になった。もっとも、この十七作品はサヴォワ邸とヴァイセンホーフのジードルンクを除けば、文字通りのモダニズム建築とはいえないかもしれない。これらは、モダニズム建築の証跡として登録されたのではなく、ル・コルビュジエ個人の近代建築史上における業績として登録されたのである。似たような例として、ガウディの七つの作品が世界遺産に登録されている。若きル・コルビュジエはパリの既存の建物の多くを破壊する都市計画を発表しているが、自分の作品をフランスの歴史的記念建造物(日本における国の重要文化財に相当)に指定・登録することにも生前から積極的に努めていたとされ、現に少なくとも彼の作品の十四件が歴史的記念建造物に指定、二十二件が登録されている。

しかし、無駄なく必要を満たすためにつくられたモダニズムの建築は、必要がなくなれば建て替えられる運命にあるのかもしれず、実際、補強して残すということが難しいことが多い。スマートで軽快な構造に無骨で頑丈な補強を施すというのもモダニズム建築のコンセプトに反するという見方もある。そこで、建築資料も残っているので、いっそもう一度忠実に建て直そうという、従来の考え方ではレプリカとしかいえない方法も実際に試みられている。そうした例を、デ・スティルなどモダニズム建築が豊富に残されているオランダの例でみてみよう。

先述の世界遺産になったファン・ネレの工場（1926‐31年、設計はブリンクマン＆ファン・デル・フルーフト）は、内部は工場から「ハイテック・センター・フォア・デザイン・アンド・コミュニケーション」への用途の変更に伴って変えられているようであるが、外観は従来の文化財保存に近い方法で修復されたようである。ヒルフェルスムのゾンネストラール・サナトリウム（1926‐31年、設計はJ・ダウカーとB・ベイフット）はいくつかの棟からなる施設で、コンクリートの骨組は最大限保存されたようだが、当初材料の保存率は二十パーセントにとどまるという。これらに対して、およそ三百戸からなるロッテルダムのキーフフーク集合住宅（1925‐30年、設計はJ・J・P・アウト）はいったん取り壊されて、一戸一戸がもう少し広く快適な設備をもつものに復元再建されて、再び人々は住んでいる。外観はオリジナルに近いものに復元され、内部も当初の住戸が一戸のみ復元されている。日本であれば、一部を保存して、あとはスタイルも新しい集合住宅に建て替えるという方針がとられそうであるが、これは徹底した外観の再現である。モダニズム建築を先導したオランダの自負と誇りの表示とみるべきであろうか。

もう一つの例が、すでになんどか登場しているリートフェルトの設計によるリートフェルト・パビリオン。これは一九五五年にアルンヘムで開催された彫刻博覧会における彫刻館として建てられたが、博覧会終了後、いったん取り壊された。しかし、一九六五年にアルンヘムに近いオッテルローにあるクレラー・ミュラー美術館の野外展示場に復元再建された。美術館内の敷地もリートフェルト自身が選び、スケッチ程度のものらしいが図面も彼自身が描いているが、一九六四年にリートフェルトが亡くなったので、実施施工は彼の若い同僚による。しかし、これは構造的な欠陥があったらしく、再度取り壊されて二〇一〇年に別の建築家によって再々度つくり直されている。ただし、鉄骨柱は再建の際のものを再利用しているというから、いったん解体して組み直す日本の「根本修理」に少し近い考えであったかもしれない。しかし、オリジナルであることがすべてを律するはずの美術館ですら、再建を容認しているわけであるから、これはモダニズム建築の恒久性の脆弱さとその修復の難しさをくしくも示したことになる。

もっとも、同じリートフェルト設計のヴェネツィア・ビエンナーレのオランダ館（1953

年）は健在であるから、これはリートフェルト・パビリオンの特殊性であるかもしれない。

ともあれ、モダニズム建築の保存は様々な問題を提示している。たとえば、近代の建築は量産された材料を用いていることが、当時のどこにでもあった材料を保存することの意味が問われてくる。もっと安価ですぐれたいまの量産材料に取り替えたほうがよいという意見もあれば、当時の貧しい技術的所産をこそ残すべきだという考え方もでてくる。スチールのサッシを着色したアルミのサッシに代えることはあちこちで普通に行われている。それを許容していくと、近代の建物の保存における材料のオーセンティシティー（真正性）はさほど重要ではなく、設計のコンセプトと、それが可能にした空間性のほうが大切だという考えもでてくるであろう。

現に、いまも使われている近代の遺産の世界遺産への登録増加もあってか、世界遺産の世界遺産たることを担保する中心概念であるオーセンティシティーも適用が難しくなっているようで、オーセンティシティーに代えて、主として自然遺産を対象に使われていたインテグリティー（統合性）という概念を文化遺産にも適用しようとしているらしい。時間がすべてを変化させていくのを止めることはできないが、オーセンティシティーはその変化を不変かもしれないなにかにすがって無視しようとする、もともと難儀な概念であった。それがさらに曖昧な概念であるインテグリティーに頼るようになると、全体の雰囲気、あるいは最も特徴的な部分、つまりはそのものの真髄が保持されていればよしといったことになりかねない。モダニズムの建築の真髄は斬新さであるから、絶えず新しくすることこそこの概念に適うといったブラック・ユーモアみたいなものになってしまう。

もう一つの問題は鉄筋コンクリートの耐久性である。モダニズム建築の多くは鉄筋コンクリート造で建てられている。鉄筋コンクリートは、圧縮する力にコンクリートが耐え、引っ張る力に鉄筋が耐え、しかもコンリートと鉄筋の膨張率が同じという理想的な材料とされるが、柱・梁・スラブの躯体が一体としてつくられており、部分的な材料の取り替えが本来不可能だという問題がある。それで、いっそのこと全部を再建しようという考えもしばしば出てくるが、最近ではアンカーによって既存躯体と一体化するコンクリートの増し打ち等の方法が普通に行われている。

いま一つの保存の難しさの要因が、鉄筋コンクリートの経年劣化であり、その代表がコンクリートの中性化である。コンクリートは本来高いアルカリ性を保って鉄筋が錆びるのを防いでいるのであるが、コンクリートは次第に中性化していく。これに抗して鉄筋に電気を流して電気化学的に再アルカリ化する方法もあるが、最初期の鉄筋コンクリート造は鉄筋がつながっていないことが多いそうだし、やりすぎるとアルカリ骨材の問題(コンクリートの異常膨張・ひび割れ)を引き起こすという。鉄筋に代えて錆びない金属を用いるのも、コンクリートと膨張係数が同じでないとダメ。チタンがよいらしいが、これは経費の問題がある。

つまりは、鉄筋コンクリートも理想的で永久的な構造材料ではないことになる。しかし、登場して百数十年にしかならないのだから、今後様々な改良方法がつくられていくであろう。モダニズム建築は、その保存においても、これまでの歴史的な建築の保存とは異なった手法と方針を問いかけているのである。

日本のモダニズム建築の曙

大正期から昭和初期にかけて、若い建築家たちが新しい動きを求めていくつかのグループをつくり始める。その最初の例が名高い分離派建築会（1920年）であるが、その他にも創宇社建築会（1923年）、バラック装飾社（1923年）、ラトー建築会（1925年、ラトーは「裸闘」の意味らしい）、メテオール建築会（1925年、メテオールは「流星」の意）、日本インターナショナル建築会（1927年）などがある。それらの中には、単に展覧会に出すためだけにつくられたグループもあり、あるいは極左と間違えられて圧力を受けて短期間で解散に追い込まれたものもあり、みな持続的な活動をしたわけではないが、この頃は建築の世界にも自由な雰囲気が溢れ出ていた。その背景には、大正デモクラシーの勃興があり、建築の世界では大学のみならず中堅の建築教育機関の増加と、建築メディアの普及などが指摘できるであろう。

建築教育機関の増加とは、工手学校（1887年創立、現・工学院大学）や、いくつかの高等工業学校、各県の工業学校・実業学校など、明治後半から多くの建築教育機関が生まれ、その卒業生は建設業界で活躍し、大学卒と同じように時には留学して欧米の最新の情報に触れた。建築メディアの普及も彼らの情報を強化したであろう。こうした建築運動は、大学における新しい世代による抗議もしくは意志表示運動であると同時に、彼らの下で働くことを運命づけられた中堅の建築デザイナーや建築技術者の同等性を求める抗議であり承認欲求活動でもあった。

しかし、こうした新しい建築運動の提示する作品が即モダニズムの建築であったわけではない。こうした新しい建築運動が起こる前から、欧米のアール・ヌーヴォーやセセッション（ゼツェッション）の動きに反応した活動や、新しい鉄筋コンクリート造や鉄骨造をいち早く取り入れた試みもすでにあった。遠藤於菟や武田五一、あるいは辰野金吾もアール・ヌーヴォーを取り入れているし、遠藤於菟は鉄筋コンクリート造による斬新な造形を試み、横河民輔は鉄骨造によるよりシンプルな造形を実践していた。しかし、彼らの仕事はなおクラシックな骨格をとどめており、繰形を簡略化したり開口部を広くとったりしながらも、やはり基本的にはクラシックな側面を残していた。同じことは、程度の差はあれ、こうした新しい建築運動の担い手にも言える。

新しい建築運動の担い手たちも、セセッションや表現主義やダダイズムなどの当時のヨーロッパの新しい芸術運動の影響を受けているが、これらの芸術運動もなにか新奇な表現をしたいという点では同じであり、みななにがしかロマンティックで夢想的であり、即モダニズムというのではなかった。日本の分離派建築会が大きく影響を受けたと考えられているドイツの表現主義の建築も、建築に人間の内面を表現したいという主張の上に立っていて、やはり夢想的で文学的であった。第一次世界大戦の敗戦による衝撃と不況で、若い建築家たちは仕事にあぶれ、紙の上に夢を描くことしかできず、それによってショックと苛立ちをやわらげようとしたのである。彼らは鋭くとがった形や、ピッチのつまった放物線の繰り返しなどを好んで用いるが、その苛立ちの表現は分離派建築会にも見られる。

ドイツには、こうした夢想的・表現的な主張とは異なる動きも二十世紀初頭という早い時期からあった。ドイツ工作連盟を率いたムテジウスによる「ザッハリヒカイト」(即物主義)である。これは建築家の個人的な表現など無視して、ひたすら規格化・量産化を目指したもので、個々人の感性の違いなど許容しないクールで厳格なものであった。この考え方は一九二〇年代に「ノイエ・ザッハリヒカイト」(新即物主義)となって再び現われ、それがバウハウスの主要な流れとなっていく。バウハウスは教員スタッフの交代とともに少しずつ教育方針が変わっているが、次第にこの「ノイエ・ザッハリヒカイト」の方針に則るようになり、モダニズムに近づいていくのである。

日本の若い建築家たちも、このバウハウスから大きな影響を受けている。一九三〇年代のことになるが、バウハウス流の教育を行おうとした新建築工芸学院という名のデザイン学校がつくられ、そこでバウハウス留学帰りの水谷武彦が教えたし、本書でとりあげた堀口捨己もワイマール時代のバウハウスに行っているし、山脇巌もデッサウのバウハウスに行っている。山脇がバウハウスへ行ったときは、バウハウスの二代目校長ハンネス・マイヤーが解職されて、ミース・ファン・デル・ローエに代わる前後の混乱期だったようだ。それから、日本の戦前の外国語教育はまず英語とドイツ語、とりわけ戦時中はドイツ語であったから、外国語の建築雑誌もおもにドイツ語のものが読まれていたようである。山田守もル・コルビュジエと会った時にドイツ語でコミュニケートしたというし、谷口吉郎もル・コルビュジエの『建築をめざして』をドイツ語訳で読んでいる。したがって、建築の理念的な面ではドイツ語のものの影響が大きいであろう。

もう一つがル・コルビュジエの影響であるが、これは彼の作品の写真や図版によるものが大きい。先述のように、ル・コルビュジエはたくさんの本を書いたし、日本の雑誌も彼の特集をいくども組んだ。もちろん、何人かの日本の建築家がル・コルビュジエと会い、また何人かが彼の事務所で学び、さらに彼の作品を直接訪れて見た人はたくさんいるが、この建築メディアによる影響が圧倒的に大きいであろう。

こうした影響下で、次第にモダニズムの建築が実践されていくわけであるが、この大正末期から昭和初期にかけての微妙な変化、すなわち表現主義的なものから厳格なモダニズムへの変化は、分離派建築会宣言と日本インターナショナル建築会宣言の違いに窺うことができる。すなわち、分離派宣言はその冒頭に「我々は起つ。過去建築圏より分離し、總ての建築をして眞に意義あらしめる新建築圏を創造せんがために」と書いているのに対して、日本インターナショナル建築会の宣言は、その二番目の項目に「人類の進展に伴ひ必然的に生るべき様式を建設せんとす」としているからである。前者は「新建築圏を創造」しようとしているが、後者は様式は「必然的に生る」としている。また、後者はその声明で、「今ヤインターナショナルナル、建築思想並ニ之ニ基ク技術ハ世界的トナリツヽアリ。我國ニ於テモ過去數年來、夫々異リタル立場ニアリタル建築運動ノ小會派モ、ソノ制作物ニ、インターナショナル建築ヲ稱スルコトニヨリ、新ナル立脚點ニ轉換セントシツヽアルヲ見ル。之等各小會派其他ノ發表ニヨル作品ヲ通ジテ、多クハ單ナル技巧的追従ニシテ、我等ノ主張ト遠キモノアリ。之等ノ小會派ハ多ク表現派時代ニ發足點ヲ置キ、又ソノ制作物ヲ見ルニ、表現派ニ屬スルモノ多ク、此等ハ運動トシテノ効果ヲスデニ納メ、現時ノ建築ヘノ飛躍ヲ助成シタルハ多トスベキモノナリ。シカシナガラ今日世界ノ建築思想ノ大勢ハインターナショナル、ナルソレヘノ高揚ニシテ、如上ノモノトハ全々種ヲ別ニスルモノナリ」としているので、おぼろげながらその変化はわかる。

しかし、もちろん日本インターナショナル建築会だけが、即モダニズム建築を実践・先導したわけではなく、他の会派のメンバー、あるいはこうした会派に属さない建築家たちにも次第にモダニズム建築は浸透していく。まさに時代はこうした流れの中にあったということであろう。

こうした流れを作品史としてよく示してくれるのが、当時の郵便局や電信・電話局のすべてを設計していた逓信省営繕である。本書にとりあげた山田守も吉田鉄郎も山口文象もそこに属していたが、逓信省営繕には技師・技手だけでも五十人を超えるスタッフがおり、製図工を含めるともっとたくさんのメンバーがいたことになり、一大設計事務所であった。

アール・デコ建築の大家であり、すぐれたモダニズム建築も残している渡辺仁も三年間ほど逓信省にいた。全国各地に同機能の建物をたくさん建てるわけであるから、当然規格化が要請され、モダニズム建築になりやすい土壌が基本的に存在したわけであるが、そこにはまた刷新的で自由な雰囲気があったとされ、各施設にはある種の個性も込められている。分離派建築会の当初のメンバーであった山田守が逓信省入りしたことで推察されるように、この時代の逓信省営繕の建物には、表現主義的なものからモダニズム建築への変化がうかがわれるのである。

もう一つ重要な点は、モダニズム建築はインターナショナル志向であるから、基本的には建築の世界が一つになってどこの国・地域の建築家も横一線でその技量を競えるようになったということである。日本の建築家も欧米の建築をひたすら学ぶだけではなく、その造形を欧米の建築家と同等に競えるようになったし、時により繊細ですぐれた成果を提示することもできるようになった。それが、今日の日本の建築家たちの国際的な盛名へとつながっているのであろう。その出発点が、モダニズム建築の波及にあった。それから、後の建築家の各節で述べるように、ここにとりあげた建築家にはエスペランティストが少なくない。エスペラントはインターナショナルな感覚を育み、対等観を養う重要な道具でもあった。

ともあれ、大正末期から昭和初期にかけて多くの建築家たちがモダニズム建築へと次第に流れていったのであるが、最も早く明確で厳格なモダニズム建築を提示したのは、おそらく本野精吾自邸とレーモンドの霊南坂自邸。くしくも同年の一九二四年の竣工であり、前者は健在であるけれども後者はいまはない。最初期のモダニズム建築の傑作に自邸もしくは住宅が多いのは、自邸でこそ自らの主張を自由に展開できたからであろうし、そうした建物を望む者がまだ限られていたからであろう。この点は洋の東西を問わず同じである。

その本野精吾とレーモンドから日本のモダニズム建築の旅を始めよう。

本野精吾（一八八二〜一九四四）——驚くべき斬新さと潔癖さ

本野精吾が設計した建物は四つ見た。西陣織物館（1914年、現・京都市考古資料館、京都市指定登録文化財）、本野精吾自邸（1924年、「日本におけるDOCOMOMO100選」選定）、鶴巻鶴一邸（1929年、現・栗原邸、国登録文化財、「日本におけるDOCOMOMO135選」選定）、京都高等工芸学校本館・東門・門衛所・倉庫・自動車庫（1930〜31年、本館は現・京都工芸繊維大学3号館、5棟とも国登録有形文化財）である。いずれも京都市内にある。彼が一九〇八年から一九四三年までの長い間、京都高等工芸学校の教授を務めていたからである。現在作品はこの四つだけだといい、なくなったものを含めても寡作の人らしい。

本野は一八八二年に東京で生まれている。父親は官僚でもあり読売新聞の創刊者の一人でもあった本野盛亨、兄には読売新聞社長や外務大臣や早稲田大学教授や京都大学教授がいるという名家の五男であった。一九〇六年に東大を卒業後、しばらく三菱合資会社に勤務の後、京都高等工芸学校教授となる。退官の翌年の一九四四年に六十一歳で亡くなっている。京都高等工芸学校赴任の翌年の一九〇九年から二年間ヨーロッパに滞在、主にベルリンに留学していたという。帰国後しばらくしての仕事が西陣織物館であるが、その外観はダルムシュタットの芸術家村にあるオルブリッヒ設計の展示館（1908年、結婚記念塔のそばにある）に少し似た感じの建物で、概ねシンプルではあるがウィーン・セセッションの影響が感じられる。階段の手摺り子も繊細な雰囲気を醸し出している。

この西陣織物館から十年後に突然出現したのが自邸で、これは一切の装飾的細部を欠いた驚くべきシンプルさを示している。装飾的なものとしては、暖炉のグリルと、タイルでモザイク風に仕上げた表札が目立つぐらいである。まさにモダニズムの住宅である。この十年の間に、本野に何が起こったか。この間、先述の分離派建築会などの活発な活動があり建築界も激しく動いていたが、ともかくもこれは自邸だからこそできたことであろう。これは、中村鎮（一八九〇～一九三三）が開発した中村式鉄筋コンクリート造、通称「鎮ブロック」を用いたもので、外壁も構造体でもあり型枠でもあるブロックがそのまま剥き出したものとなっている。中村鎮自身は、ブロックの表面にもう少し優雅なモルタル塗り仕上げを望んでいたとされるから、これは時代のこと、それに本野の世代のことを考えればおそろしいほどの潔さである。それに、戦前まではモダニスティックとされる建築家たちの自邸にもしばしば和室が設けられたから、和風の要素を一切持たないこの住宅は、とびぬけて斬新といえるであろう。なお、この住宅は二〇一七年の七月から九月まで京都市観光協会による「第42回　京の夏の旅」の訪問先の一つとなっており、幸運にも内部を見ることができた。モダニズム建築が「京都の夏の旅」の対象になったということに驚くとともに、なんとなくうれしくなった。

鶴巻邸も同じ「鎮ブロック」でつくられていて、やはり外壁にブロックが剥き出しになっており、文字通りのモダニズム建築であることに変わりはない。しかし、こちらのほうが本野自邸よりも規模も大きく、玄関ポーチも円柱で支えられて丸く突き出した立派なもので、それに階段も本野自邸が裏階段のような実用一点張りのものしかなかったのに対して華麗な手摺り子をもつ堂々たる階段となっている。つまり、規模の大きさに応じて少し格式ばったものになっているということである。ただし、玄関ポーチの円柱には柱頭も柱礎もまったくない。この住宅の施主、鶴巻鶴一は色染学・製造化学が専門の京都高等工芸学校校長。いまはオーナーが代わっているが、京都工芸繊維大学の建築関係の教員・学生によって修理・維持されているようで、時に公開もされている。

京都高等工芸学校本館もまた、驚くべき斬新さ。外観はスクラッチタイルで覆われていて、なんとなくベーレンス設計のＡＥＧの小モーター工場（タービン工場ではない。近代建築史には通常タービン工場しかとりあげられないが、皮肉なことにそれが最もモニュメンタルだったから。モダニズムは本来、非モニュメンタルなもの）に似ているが、やはり、それよりもはるかにモダン。とりわけ、南と北の側面の二・三階の外観は、横に連続する広大なガラス面で、しかもそのガラス面が少し張り出して設けられており、張り出すためのコーナーもガラス面である。全面ガラスのカーテンウオールが出現しているのである。また、正面玄関ポーチの屋根はトップライトで、これまた斬新。もっとも、この本館はE字型の堂々たるプランをもっていて、正面である東側ファサードは大学としての風格を備えてもいる。それから、玄関のガラス扉と欄間窓のサッシのデザインはアール・デコ。

本野精吾はいくつかの客船の船内設計も行っている。残された写真等から考えると、アール・デコを加味しつつも当時の日本の最もモダンな船内デザイナーであったであろう。同時に、舞台設計や家具設計も行っており、さらには京都音楽同好倶楽部のバイオリニストであり(一説にそのコンサートマスターだったとも)、晩年には南画を描いていたというから、たいへん多趣味な人であった。

そして最後に、彼は先述の日本インターナショナル建築会の上野伊三郎(一八九二〜一九七二)と並ぶ中心メンバーでもあり、理論的支柱であった。その宣言と綱領は日本語とエスペラントと英語で記されており、これもエスペランティストであった本野の意図の現われ。ちなみに、本野自邸の図面の表題もエスペラントで記されている。ただし、部屋名は漢字。これが鶴巻邸ではすべて日本語のローマ字表記となる。彼はまたローマ字論者でもあったらしい。

西陣織物館、正面外観　寄棟の勾配屋根で屋根窓もある。壁の最上部にデンティル（歯形飾り）風の造形も見られる。壁はタイル張り。

西陣織物館、玄関入り口　概ね直線的・平面的な造形であるが、柱頭部分にはコリント式をごく単純にした曲面の飾りも見られる。

西陣織物館、門柱 非常にモダン。石張りの石と門柱灯カバーの隅が丸くなっている。

西陣織物館、階段親柱 手摺り子はやや旧式だが、親柱は凸曲面でできた胡麻殻決《じゃく》り風のものでユニーク。

本野精吾自邸、正面外観　庇の突出以外は目立った凹凸がない。外壁はブロックが剥き出しになっている。

本野精吾自邸、庭園側外観　一階出入り口の庇の上がバルコニーになっているが、その手摺りもまったくシンプルな「ガス管のような手すり」(F・L・ライトの言)で素気ない。

本野精吾自邸、内部　二階の部屋の暖炉。内部も全体的に実にシンプルであるが、この暖炉は煉瓦仕上げで、床面に菱形の装飾が見られる。

鶴巻鶴一邸、入り口側外観　大きな窓が目立つ。これも外壁はブロックが剥き出しになっている。

鶴巻鶴一邸、庭園側外観　円柱四本（うち二本は半円柱の付柱）の露台が目立つ。その上のガラス窓は中央部分が開閉できるようになっている。

鶴巻鶴一邸、内部　手摺り子はやや旧式に近いが、親柱は少しモダン。

京都高等工芸学校本館（現・京都工芸繊維大学３号館）、正面外観　シンプルでモダンで、かつ風格がある。外壁はスクラッチタイル張り。

京都高等工芸学校本館（現・京都工芸繊維大学３号館）、北面外観細部　二、三階の主要部は張り出していて、全面ガラス。隅もガラス。南面も同じ。

京都高等工芸学校本館（現・京都工芸繊維大学３号館）、正面入り口　庇はトップライト。玄関の欄間はアール・デコ。庇の側面や持ち送りにも幾何学的な装飾が見られる。

アントニン・レーモンド（一八八八〜一九七六）——実践的なモダニズム

戦前にレーモンドもしくはレーモンドの事務所（現・株式会社レーモンド設計事務所）の設計した建物で現存しているものは、かなりあるようだ。ここでは、星薬科大学本館（1924年、「日本におけるDOCOMOMO184選」選定）、エリスマン邸（1926年、横浜市認定歴史的建造物）、イタリア大使館別荘記念公園本邸（1928年、国登録文化財）、フェリス女学院大学10号館（1929年、旧・ライジングサン石油会社社宅、横浜市認定歴史的建造物、「日本におけるDOCOMOMO135選」選定）、グリーンハウス（1932年、旧・藤沢カントリー倶楽部クラブハウス）、ペイネ美術館（1933年、旧・レーモンド軽井沢別荘「夏の家」、「軽井沢タリアセン」内にある）、ナミュール・ノートルダム修道女会東京修道院（1934年、旧・赤星鉄馬邸）、不二家横浜センター店（1937年）の八つをとりあげるが、本書でとりあげた建築家のなかではその数が最も多い。しかし、この八つもすべてが厳密な意味でモダニズム建築とはいえない。文字通りのモダニズム建築といってよいのは、フェリス女学院大学10号館とナミュール・ノートルダム修道女会東京修道院と不二家横浜センター店である。

まず、フェリス女学院大学10号館。これはライジングサン石油会社の単身者住宅として横浜の山手に建てられたもので、いわば当時の超モダンな鉄筋コンクリート造二階建ての独身者用アパートであった。現在は大学の研究室等として使われている。長い間、白い色に外壁が塗られていて、文字通りのモダニズムの集合住宅の印象を呈していたが、二〇〇九年に保存修復が実施され、その際に当初は外壁がベージュ色に塗られていたことがわかり、現在はベージュ色になっている。そうなると屋上のパラペットの頂部に張ってあるタイルとも呼応するような感じもしてきた。また一階の窓は円弧形に張り出すベイウィンドーとなっており、これがまったくの箱型ではないことがわかる。

ナミュール・ノートルダム修道女会東京修道院は東京の吉祥寺にあり、もとは赤星鉄馬邸として建てられたもので、レーモンドによる大規模コンクリート造住宅の数少ない現存例である。横に長く連なっており、一見集合住宅と見えるほどに規模が大きい。これも文字通りのモダニズム住宅。玄関部分は、ル・コルビュジエのリプシッツ＝ミエスチャニノフ邸に少し似て隅が丸くなっている。その玄関部分の庇には円形の明り取りのガラスが埋め込んである。玄関入り口の直線的な模様の鉄製グリルも健在。広大な庭園には、レーモンドが設計したものと思われるモザイク・タイルを張った噴水も見られる。

そして不二家横浜センター店であるが、当初の名前は不二家伊勢佐木町店で、もちろんいまも昔もレストラン兼喫茶店。これは、戦前に建てられたものとはとても思えないモダンな建物で、戦前のモダニズム商店ビルの希少な生き残り。そのモダンさは、ファサードの左半部に設けられた各階を貫くガラスブロックによく窺うことができるが、右半部も横長の大きな窓が連続しており、いまは隣のビルがくっついて建っているのでわかりにくいが、コーナーも窓で側面にも窓が連続的につながっていた。つまり、このビルは全面ガラスのファサードに近いものを実現していたということになる。

残りの五つは、厳密にはモダニズム建築とは言えないが、むしろそこにこそレーモンドの出自やプラクティカルで多彩な側面がみられるので、それらについてもいくらかの言及を加えておこう。まず、星薬科大学本館であるが、これは星製薬商業学校の講堂として建てられた。ドームを戴いており、外観はクラシックな感じもあるが、ドームの下に張ってある天井も三角形を組み合わせたもので、少し表現主義風。しかし、この建物には、なんといってもF・L・ライトの影響が大きく、アール・デコとしたほうがよいかもしれない。外観の玄関廻りはまさにライト調であり、内装はさらに輪をかけたライト調。とりわけ、柱頭部にある照明の装飾はウルトラ・ライトといってもよいであろう。

エリスマン邸とイタリア大使館別荘記念公園本邸とペイネ美術館は、いずれも木造の住宅で、外壁もイタリア大使館別荘記念公園本邸は杉皮張り兼板張りで、他の二つは下見板張り。屋根もエリスマン邸は寄棟で、他の二つは片流れ屋根。つまり陸屋根の箱型というのとは少し違うので、たしかに当時の住宅としては驚くべきモダンさではあるが、文字通りのモダニズム建築というのではない。それにエリスマン邸は別にして、他の二つは風光明媚な地の別荘であるから、自然の材料を内外とも剥き出しにして使い、テクスチャーも滑らかでシンプルで無機的な表現ではなく、ラフでナチュラルであり、自然との親密さを示すことを主眼としているように見える。現に、イタリア大使館別荘記念公園本邸には竹が盛んに使われている。また、イタリア大使館別荘記念公園本邸は修理復元であるが、エリスマン邸とペイネ美術館は移築復元である。それから、グリーンハウスは鉄筋コンクリート造ではあるけれども、その食堂（当初はロビー）は木造の小屋組を見せた化粧天井であり、建物全体の屋根も切妻の洋瓦葺きで、全体としていわゆるスパニッシュの建物である。

つまり、レーモンドはライトやル・コルビュジエから強い影響を受け、それに日本の木造建築からも学んで多様な建物をつくって行った。加えて、オーギュスト・ペレのモンマニーの教会のコピーに近い東京女子大学チャペル（1938年、国登録文化財）の存在が示すように、一時期ペレの影響も大きく受けており、いまはどちらも失われた霊南坂の自邸からリーダーズ・ダイジェスト・ビルへと一直線にモダニズムの道を歩んだ人ではないということである。

彼はもっとしたたかでプロフェッショナルで実践的な人であった。

ところで、かつての名「夏の家」でよく知られているペイネ美術館には、奇妙なエピソードが残されている。これは一九三三年に建てられたものであるが、一九三〇年のル・コルビュジエのエラスリス邸の計画案のコピーだという議論である。エラスリスはチリの外交官で、この夏のための別荘はチリ中部の海岸の町サパジャールに建つはずであったが、実現はしていない。その計画案はフランスの「ラルシテクテュール・ヴィヴァント」という雑誌の一九三一年春・夏号に三頁にわたって発表されたが、壁体はコンリートに石張りをしたもののようで、骨組みは細い丸太を使ったものであった。その冒頭の図面が、バタフライ型の屋根のかかった部分の断面図である。これにヒントを得てレーモンドが「夏の家」を設計したわけである。そして「夏の家」は米国の「アーキテクチュラル・レコード」誌の一九三四年五月号に十三枚の写真とあまり鮮明でない平面図と、平面図よりも大きく鮮明な詳細図を伴って掲載されることになる。これは「外国のいまの建築の選集」という特集で各国のモダンな作品が紹介されている一部に収録されたもので、レーモンドが編集部に資料を送ったものであろう。その詳細図はエラスリス邸の最も特徴的な部分とほとんど同じバタフライ型の屋根のかかったスロープの部分であった。なぜ、そっくりの図面をわざわざ載せたかということであるが、むしろそっくりであることに意味があったのであろう。そして頁は違うがある写真のキャプションの中に「上階へのスロープはル・コルビュジエの南米の家のための計画から着想を得た」と記されている。つまり、静かに模倣したのではなく模倣したことをことさら示したことになる。

そして翌年の一九三五年の四月八日付けでレーモンドはル・コルビュジエに手紙を書く。その手紙に対する同年五月七日付けのル・コルビュジエの返信は全文が知られており、それが『自伝アントニン・レーモンド』(三沢浩訳、鹿島出版会、1970年、英語原版は1973年で日本訳の後)にも収録されている。しかし、フランス語の原文、たとえば「もちろん私もよくコピーしてきましたが、大変まずく下手で愚かなやりかたで……私の計画案のあなたの解釈(「実施」と訳したほうがよいかもしれない)は非常に気が利いていますが、この褒め言葉は真面目です」といったところなどを読むとなんとなく皮肉なニュアンスもある。そしてその最後に近い部分には「あなたの手紙の目的は、私があまりはっきりとは理解していないとりなしへと私をうながしているように思えます。この手紙をあなたの最も気に入るように使ってよいという自由を与えることが私の番のすることです」とあり、レーモンドがル・コルビュジエとの関わりをなにかに使おうとし、ル・コルビュジエはこの手紙をそれに使ってもよいと応答したと推測される。その後、ル・コルビュジエは自身の図面や透視図にレーモンドの「夏の家」の詳細図と写真四枚(詳細図は「アーキテクチュラル・レコード」誌掲載のものにトリミングが加えられ、写真は同じだが雑誌では映っていない空の上部が入っているのもあるので、レーモンドが送った写真をもとにしたものであろう。もちろんレーモンドによって建てられた「設計されたではない」と記されている)を加えて『ル・コルビュジエ全集　第二巻　1929－34』(1935年)に「チリのエラスリス邸」として、写真も含めて一見自分の仕事であるかのように掲載。そして、レーモンドは『自伝』にル・コルビュジエの手紙全文を載せたということである。双方、とるものはとったということであろうか。

ついでながら、レーモンドはかなりこまめに雑誌を見ているようで、英国の「アーキテクチュラル・レヴュー」誌の一九五四年一月号の投稿欄にレーモンドの文章が掲載されているが、これは前年の八月号にP・コリンズが東京女子大学チャペルをペレの影響の例としてあげたことに応答したものである。また、「ラルシテクテュール・ヴィヴァント」誌に三度彼の作品が紹介されているが、これはこの雑誌の編集者ジャン・バドヴィチによるものである。一九二五年秋・冬号に「今日の東京の家」として霊南坂の自邸の図面と模型と写真(ところがこの写真は大森のテーテンス邸のもの)が、一九二六年春・夏号に「アントニン・レーモンドによる日本の家」としてポール・クローデル邸とリーチ博士邸と東京女子大学・安井邸の三枚の写真が、そして一九二六年秋・冬号に「東京の家」として後藤子爵邸の写真が三枚掲載されている。最後のものにはコメントが一切なく写真のみが掲載されているが、はじめの二つにはバドヴィチによる十数行の短い文章が載っている。そこには「精力的な努力によって古臭い伝統からも純粋に理論的で抽象的な概念からも自由になり得た一つの精神による幸福な創造」とか「生命の震えの如くすべてに彼の建築的な概念が加えられ、しかもその概念をまったくの知的無味乾燥さから遠ざけている」といった文章が見られ、バドヴィチがレーモンドが単純なモダニストではないことを鋭く指摘している。バドヴィチがレーモンドをとりあげたのは、一九二五年九月にレーモンドがパリへ旅行し、バドヴィチ（ルーマニア出身）に会っているからである。ペンシルヴァニア大学の建築アーカイヴのレーモンド史料（現在、レーモンドの重要な史料はここにあるという）によれば、この時レーモンドはペレにもピエール・ジャンヌレにも会っているが、ル・コルビュジエ本人には会っていないようだ。またアール・デコ博にも行っている。

これもまた、まったくの余談になるが、最近上映されたメアリー・マクガキアン監督の映画『ル・コルビュジエとアイリーン　追憶のヴィラ』（２０１５年製作、原題は"The price of Desire"）の中で、バドヴィチがル・コルビュジエを殴るシーンがある。バドヴィチのパンチは早くて正確で彼の一面での男性的魅力を高めるシーンとなっているが（記録映像に見る大島渚になぐりかかる野坂昭如よりもずっとスマート）、現実にはどうもありそうにない。この映画はル・コルビュジエ神話を壊す試みのひとつなのであろうが、ル・コルビュジエの単純化・矮小化と俗人化の度がすぎる。

末尾になったが、数年前に出たフランス語によるレーモンドの伝記『アントニン・レーモン

ド　日本の西洋人建築家』（C.Vendredi-Auzanneau《Antonin Raymond, un architecte occidental au Japon 1888-1976》Picard,2012　著者のヴァンドルディ＝オザノー女史はプラハのカレル大学でも学び、慶応大学で教えたこともあるという）により、レーモンドの履歴をかいつまんで述べておく。一八八八年にチェコ（当時はオーストリア・ハンガリー帝国）のクラドノに小さな商店（『自伝』にある自身の水彩画「近所の食料品店」は自宅かもしれない）を営むユダヤ人（ただし熱心なユダヤ教徒ではなかった。もともとの姓はRajmanもしくはReimann）の両親のもとに生まれ、一九〇六年からプラハ理工科学校（ポリテクニカ、現・チェコ工科大学）で建築を学び、一九一〇年一月に当時はオーストリア・ハンガリー帝国の支配下にあったトリエステ（現在はイタリア）に出奔。出奔と書いたのは、プラハ理工科学校の建築学生協会の金庫から五〇〇〇クローネを不当に得て逃げ出したからである。一九一二年に彼は返却すると手紙を出し、実際、一九二一年には利子をつけて返したという。出奔状況であるから、彼はプラハ理工科学校を卒業していない。チェコ工科大学には卒業生の図面しか保存されていないから、レーモンドに関する図面等はないという。トリエステから船で同じ一九一〇年の七月に米国に着いている。『自伝アントニン・レーモンド』には、プラハの学生たちがライトの作品集にとびついたことを覚えているとあるが、ライトの作品集の出版は一九一〇年〜一一年であるから、これは事実ではない。一九二〇年から一九三七年まで日本で仕事をし、その後アメリカに帰り、一九四八年から再び日本で仕事をし、一九七三年にアメリカに戻って一九七六年にペンシルヴァニア州ラングホーンで亡くなっている。享年八十八。人生のちょうど半分の四十四年を日本で過ごしたことになる。一九一六年以降ずっと国籍は米国であった。

それから、レーモンド事務所における一九二二年〜三〇年のスワガー（より正確にはシュヴァグル）の存在は、存外大きいようだ。給料をレーモンドとほぼ同額もらっているからである。スワガーは同じくプラハ理工科学校の卒業生であるが、先述のヴァンドルディ＝オザノーの本では「工学の学位を得た」とあるから、土木でも出たのであろうか。レーモンドは構造計算のみならず現場も彼に頼っていたというから、この時期のスリムな鉄筋コンクリート造はスワガーの賜物かもしれない。レーモンド自身は『自伝』で、スワガーの構造は重すぎるといったようなことを書いているが、だからこそレーモンドは安心できたのであろう。

レーモンドが「日本の」モダニズム建築のパイオニアであることには誰も異存はないが、「日本の」という限定詞をとることにはまだためらいがあるようだ。その雰囲気は英語やフランス語のウィキペディアでレーモンドの項を読んでもわかる。レーモンドにとってライトもル・コルビュジエもペレも、そして日本も単なる手段でしかなかったのであろうか。それらを取った後に残るレーモンドとは？　ともあれ、激しく生き、日本の建築界に大きな影響を残した彼の遺産はいまもたくさん見られるのである。

星薬科大学本館、正面外観　中央にドームが見え、玄関が深い庇で張り出している。コーニス下端にも壁の上部にも装飾が見られる。

星薬科大学本館、玄関ポーチ細部　ライト的な、いやライトよりももっと濃密なアール・デコの装飾が見られる。

星薬科大学本館、内部ドーム　少し複雑なドーム下面のリブ装飾。トップライトの形は八角形の半分。

星薬科大学本館、内部詳細　柱上部の照明器具飾り。これも非常に濃密なアール・デコ。

エリスマン邸、外観　寄棟の屋根、縦羽根板・横羽根板張りの外壁。一階の広い窓が目立つ。

イタリア大使館別荘記念公園本邸、外観　外壁は杉皮張り。一階の広大なガラス窓は中禅寺湖に臨む。

イタリア大使館別荘記念公園本邸、内部　内装もすべて有機的な材料が使われている。天井のリブは竹材。

フェリス女学院大学10号館、外観　モルタル塗り仕上げのシンプルな外観だが、パラペットにはタイルが張ってある。一階中央は曲面で張り出している。

グリーンハウス、庭園側外観　スパニッシュ風の外観。一階のテラスはアーチ、二階の窓の上部は反転するS字曲線。

グリーンハウス、内部　二階の食堂。天井は張らず、小屋組を見せている。

ペイネ美術館、外観　やはりシャープな片流れ屋根が印象的。外壁は下見板張り。

ペイネ美術館、内部　木造なのに、隅に壁がない。

ナミュール・ノートルダム修道女会東京修道院、庭園側外観　もともと個人の住宅のはずだが、横に長くつながっていてモダンな集合住宅のよう。

ナミュール・ノートルダム修道女会東京修道院、玄関入り口　左の丸い部分は階段室だと思われる。庇には採光のためのたくさん丸いガラスブロックがはめ込まれている。

不二家横浜センター店、外観　左側のガラスブロックが目立つ。右側の連続窓は、右側面にもつながる。

川崎鉄三（一八八九頃〜一九三二）――横浜で一瞬輝いたモダニズム

川崎鉄三は昭和初期の横浜で活動し、きわめてモダンなオフィスを三棟残した建築家である。彼の横浜での活動の期間はわずかに数年間で、その作品もわずかに七つしか知られていないが、彗星の如く現われて燦然たる足跡を残して消えた印象深い人なので、他の著名な大家たちと並んでここにとりあげておきたい。

その三棟というのが、ジャパンエキスプレスビル（1930年）、インペリアルビル（1930年、横浜市認定歴史的建造物）、昭和ビル（1931年）である。ジャパンエキスプレスは、大さん橋の根元にある三階建てのビル。船客の送迎や移民乗船の斡旋などを行う会社の本社ビルで、当初の名前はエキスプレスビル。正面は左右対称の整然とした姿をしており、そのプロポーションは教科書的で理想的。窓は縦長のものが並んでいるのだが、少し突出している横の帯（コーニス）が水平に通っているので水平に連続している感じがし、またほぼ全面にタイルが張ってあるにもかかわらず滑らかなタイルなので、やはりモダニズムのビル。それに付加的な装飾がまったくない。それでもなお風格や威風があって、なんとなくインターナショナルな感じもする。

インペリアルビルは、ジャパンエキスプレスビルよりもさらにモダン。これは当初の名前をインペリアル・アパートメントといい、外国人専用の長期滞在型アパートとして建てられた。四階建てで、各階に連続窓が通り、ファサードが面一《つらいち》のカーテンウォールが実現している。「インペリアル」という東洋的エキゾチズムが漂う名前が付けられたが、形や雰囲気からすれば、まさに「インターナショナル」アパートメントである。正面に切妻の屋根を見せた屋上の小屋は、戦後の増築。

そして、昭和ビル。これは日本大通りと象の鼻パークを区画するという重要な場所にある三階建てのビルで、モダニズムとまでは言えないかもしれないがシンプルで付加的な装飾がなく、典型的な昭和初期の雰囲気を漂わせている。このビルの当初の名はカストム・ブローカー・ビルで、これと同じ建物がもう一つくっついてあった双子のビルであった。片方のビルはキッコーマンビルとして使われていたが、二〇〇〇年に残念ながら取り壊された。

このキッコーマンビルがあった空地の隣には横浜海洋会館(1929年)があり、そのまた隣には角地に立つ横浜貿易協会ビル(1929年)があり、直角に曲がってその隣には先述のジャパンエキスプレスビルがある。この一画は同時期に建てられた同様なスタイルの建物四棟によって昭和初期特有の雰囲気が保たれているのである。横浜貿易協会ビルの設計・施工は大倉土木(現・大成建設)であるが施工管理は川崎鉄三がやっており、横浜海洋会館ももとは大倉商事の出張所であったから大倉土木の設計・施工と見られる。とすれば横浜海洋会館の施工管理も川崎がやっている可能性が高く、この一画の景観遺産はいわば「鉄三遺産」ということになる。

さて、その川崎鉄三の履歴であるが、一九一二年に東京高等工業学校(現・東京工業大学)建築科の選科を修了しており、当時の東京高等工業学校一覧の卒業者名簿の彼の欄には「石平」(本籍の府県名と族籍のこと)とあるから、石川県の出身らしい。亡くなったのは、東京高等工業学校同期の須藤真金(1889－1965、こちらは本科卒、明治・大正期の作家須藤南翠の子息)が発行していた雑誌「建築研究」の須藤の記述内容からすると、一九三二年らしい。つまり、「鉄三遺産」はまさに川崎鉄三の最晩年の遺産である。生まれも須藤と同じだとすると僅かに四十三歳で亡くなったことになる。

東京高等工業学校卒業の後、台湾総統府に勤め、台湾から厦門・香港・海南島・広東へと海外を転々とし、一九一九年から一九二四年まで福井県庁に勤務。その後、短期間ではあるが東京の大野屋工務店に勤め、一九二五年に若尾幾太郎商店のビル新築の設計とともに横浜にやって来て、本町工務所主を名乗っている。本町工務所というのは「土木建築、設計、監定」（『横浜商工名鑑』１９３０）を業とするところで、そのオフィスは彼が設計した若尾ビルの四階にあった。彼はまた若尾幾太郎商店建築部あるいは若尾幾太郎商店技師とも名乗っているから、彼の事務所は、若尾幾太郎商店（幾太郎の父幾蔵は甲斐出身の生糸王若尾逸平の弟）営繕部のような存在であった。彼の横浜の住居、根岸坂下ついで西根岸町も若尾の提供したもののようである。

要するに、川崎鉄三は若尾のパトロネージの下に横浜へやってきたことになるが、その遺産は燦燦と輝いている。彼の横浜での処女作はいまはなき若尾ビルであるが、その低層部にあった実にしゃれた細部装飾は、そこに新しく建った富士ソフト横浜オフィスのビルに再利用されている。つまり、川崎はこのクール なアール・デコからモダニズムへと変身していったのである。

ジャパンエキスプレスビル、外観　上端のコーニスや、窓上下のコーニス以外は突出部がなくシンプル。コーニスにも繰形はない。

ジャパンエキスプレスビル、内部　シンプルな階段室。手摺のグリルもシンプル。

ジャパンエキスプレスビル、内部　執務室もシンプル。窓が規則的に設けられている。天井周囲にはわずかに繰形がある。

インペリアルビル、外観　二〜四階は連続窓。屋上の切妻屋根は戦後の増築。

インペリアルビル、玄関入り口　シンプルであるが、左に見られる窓と照明器具はシンプルなアール・デコ調。

昭和ビル、外観　基本的にはシンプルな外観であるが、窓はそれほど大きくはない。スクラッチタイル張り。

昭和ビルに連続する同時代の建物の景観　奥が昭和ビル。手前が海洋会館と横浜貿易会館ビル。これらにも川崎鉄三が関わっている可能性が大。かつては昭和ビルと海洋会館との間にも昭和ビルと同じ双子のビルがあった。横浜貿易会館の角を曲がったところにジャパンエキスプレスビルがある。

山田守（一八九四〜一九六六）――「自然式」モダニズム

山田守は吉田鉄郎と並ぶ逓信省のスター建築家で、たくさんの仕事を残しており、現存するものも多い。郵便・電話関連の建物を全国に速やかにつくる必要があり、自ずと規格化・合理化が望まれたが故に、逓信省にモダニズム的な作品が普及したのであろうが、同時に逓信省の営繕には伝統的に自由な雰囲気があったとも言われている。そこにはたくさんの建築技術者がいたわけであるが、彼らは技師のもとに班が組まれ、それぞれの仕事に取り組んだ。図面の設計者欄に印が押してあり、どの技師の班の仕事かが判明するので、それぞれの仕事の担当者がわかるという。

山田が担当した建物で現存しており、ここにとりあげるのは、門司郵便局電話課（1924年、現・NTT門司電気通信レトロ館）、千住郵便局電話事務室（1929年、現・NTT東日本千住ビル）、荻窪郵便局電話事務室（1932年、現・NTT東日本荻窪ビル）、広島逓信診療所（1935年、現・広島逓信病院旧外来被爆資料室、「日本におけるDOCOMOMO164

選」選定）、熊本貯金支局（1936年、熊本市役所花畑町別館であったが、筆者が訪れた直後の2017年6月に取り壊された模様）、広島電話局西分局（1937年、現・NTT西日本十日市ビル）の六つである。これを見ても、逓信省にあって山田は主として電話・電信関係の施設を担当し、東京・大阪両中央郵便局で知られる吉田はおもに郵便局のほうを担当したことが想像される。

まず門司郵便局電話課の建物であるが、これは山田の傑作として名高いいまはなき東京中央電信局（1925年）の連続するパラボラアーチの上端を八角形のように直線にしたもので、雰囲気は非常によく似ており、表現主義的な感覚に富む作品である。二か所の出入り口廻りの造形も表現主義的もしくはキュビスム的であり、内部の梁端部も優雅に弧を描いている。ちなみに、山田は分離派建築会たちあげの宣言文集所収の「吾人は如何なる建築を造るべきか」の中で、中国の山東省を旅行してドイツ建築に感動した旨を「山東省に於けるフレッシュ（フレッシュであろう——引用者）な獨式新建築に對して恍惚として驚嘆の辭を叫ばざるを得なかった」と正直に書いている。山田をして「我々をかくも感動せしめ我々が斯くも共鳴する」「獨式新建築」は、いまでいうところのユーゲントシュティールやセセッションの建築で、クラシカルな要素をまだとどめていたのである。

千住郵便局電話事務室は、東京都足立区にある現役のビルで、特段の増改築もないようであり貴重。付加的な装飾はなく、全体にシンプルだが、角の部分や部材のエッジがすべて丸くなっており、なんとなく有機的でうごめくような感じもする。外壁全体に長手方向に筋のある微妙な色合いのスクラッチタイルが張ってあり、アムステルダム派的な作品の感じもある。とりわけ、中庭へアプローチするトンネル状の通路はなまめかしい。

荻窪郵便局電話事務室も現役のビルではあるが、外観上の最たる特徴であるコーナーの丸くなった部分にコンビニが入っており、外装も金属パネル張りになっていて、かろうじてこれがもとの逓信省の建物だとわかる程度である。

広島逓信診療所は、まったく装飾的細部を欠いた矩形のシンプルな建物で、戦前の建物とは思えない斬新さを示している。戦前のまさにモダニズムの最先端。これは原爆に堪えて生き残っており、いまは被爆資料室となっている。手術室の内装も保存されており、床と高い腰壁には清潔そうではあるが温かみのある釉薬タイルが張られている。

熊本貯金支局もまた、装飾的細部を欠いた典型的なモダニズム建築であったが、先述のように最近解体された。なお、四階の全面ガラス張りは戦後一九五〇年の増築らしい。広島電話局西分局もモダンなビルで、あまりにもきれいに改装されているので、背後のゴツゴツとした増築部と勘違いして本来は古いほうの建物の写真を撮り忘れた。それで写真を載せていない。しかし、いまも骨格は残されているようだ。

これら六つの作品を見ても、一九二〇年代にはなお装飾的細部をとどめていた山田が、一九三〇年代にはまったくの無装飾へと歩みを進めたことがわかる。しかし、山田は理論よりも描くことのほうが得意だったと思われ、造形魂はずっと健在で、モダニズムの原理主義には生涯、陥っていない。実際、先述の「吾人は如何なる建築を造るべきか」の中で、彼は「自分は理想的の建築の形態としては平面や直線を以て終わりたくないので自然物の様な形態の建築を想像するのであるこの意味の自然的形態を自分は自然式の建築と云ってをく」と書いている。これは戦後の仕事であって、たまたま公開日に内部も見ることができた山田の自邸（1959年、一部は喫茶店となっている）であるが、そこにはやはり和室もあった。参考までに、その自邸の外観の写真を載せておく。

山田守は一八九四年に岐阜県の上中島村（現・羽島市）に生まれ、一九二〇年に東大を卒業、分離派建築会のメンバーとなる。卒業後、逓信省に入り、一九二九年から三〇年にヨーロッパに出張。この出張時に、フランクフルト・アン・マインで一九二九年に開かれたCIAMの第二回会議に出席（というよりも傍聴か。前川国男もこれに出ているという）したらしく、この出張は山田に大きな影響を与えたものと思われる。逓信省にいる間に、聖橋や永代橋の設計に関わったとされる。戦後、逓信省を退官し、一九四九年に山田守建築事務所を設立、活発な設計活動を継続、同事務所はいまも健在。同時に東海大学教授としても活動。戦後の代表作としては、日本武道館（1964年）と京都タワー（1964年）が著名。亡くなったのは一九六六年。享年七十二であった。

ところで、ニューヨークの近代美術館（MoMA）で一九三二年に開催された先述のインターナショナル・スタイル展に、日本の建築作品の写真が二枚展示された。「ISABURO UENO : Star Bar, Kioto. 1931」と「MAMORU YAMADA : Electrical Laboratory, Tokio. 1930」である。前者は上野伊三郎の京都のスター・バー（1930年、現存しない）であり、後者は山田守の電気試験所大阪出張所（1929年、現存しない）であろう。そして、これらについてはカタログ（タイトルは"Modern architecture, international exhibition"で「インターナショナル・スタイル」ではない。このカタログはネット上で全頁が見られる）の「モダン・アーキテクチャーの広がり」と題する節の末尾に「日本では本や雑誌の出版がモダン・アーキテクチャーを喧伝してきている。山田と上野が最も良く知られた若い建築家である」という記述が見られる。

このカタログには、この二つの写真自体は掲載されていないが、カタログ出版と同年に出版された別の書籍『インターナショナル・スタイル』（H・R・ヒッチコック、P・ジョンソン著、武澤秀一訳、SD選書、1978）には、どういうわけか山田の電気試験所大阪出張所の写真だけが掲載されており、上野のスター・バーは載っていない。そして電気試験所の写真のキャプションには「あまり洗練されていない、正直な建物。アールをとった端部がヴォリュームの効果を曖昧にしている」と書いてある。電気試験所大阪出張所は写真で見ると、先述の千住郵便局電話事務室を白く滑らかにしたような感じの建物で、数多い山田の作品のうち、なぜこれが取り上げられたか不明。

『インターナショナル・スタイル』の一九六六年版には、この電気試験所の写真はリチャード・ノイトラから提供された旨のことが書いてあるそうだが（佐々木宏『「インターナショナル・スタイル」の研究』相模書房、1995）、だとすればノイトラがこれを選んだことになる。そもそも、「インターナショナル・スタイル」展が実現に至るまでにはいくつかの試行錯誤が行われており、当初はMoMAが世界中で若手の建築家たちの応募展を実施する予定であったらしい。その情報を聞きつけて、上野伊三郎は日本インターナショナル建築会の機関誌上で同様な国内応募展を行い、その優秀作をMoMAに送ろうとしたのかもしれない。いずれにしても、山田の電気試験所大阪出張所は「インターナショナル・スタイル」に展示された日本の作品で、その写真が資料に残る唯一のものということになる。

余談になるが、「インターナショナル・スタイル」展のカタログで、冒頭にとりあげられ、しかも最も多くの頁数が割かれているのがF・L・ライトの作品であり、これに続いてグロピウス、ル・コルビュジエ、J・J・P・アウト、ミース・ファン・デル・ローエが来て、さらにアメリカの建築家、レイモンド・フッド、ハウ＆レスカズ、リチャード・ノイトラとなり、最後は三十歳になるかならないかで実施作品がなく計画案のみの若い建築家のボーマン兄弟（Bowman Brothers）で終わる。当然とはいえ、ここには米国優先の意図が見られる。それが書籍の『インターナショナル・スタイル』では、ノイトラを除いてライトをはじめアメリカの建築家はきれいさっぱりオミットされている。国内向けの展覧会と国外をも意識した書籍とは使い分けたのであろうか。ボーマン兄弟に至っては、今日も無名のままである。山田と上野がとりあげられたのもまた、たまたまでしかない。歴史は偶然でつくられることもある。

旧・門司郵便局電話課、正面外観　上部が八角形の窓列は「土筆坊」（「山越邦彦」の章参照）の名残か。腰壁の上端の表現も優雅で印象的。

旧・門司郵便局電話課、外観細部　窓上部の壁にも窪みがある。柱形も矩形ではなく八角形のようになっており、全体的に折り紙細工的。

旧・門司郵便局電話課、玄関入り口　繰形のない平面のみで構成されており、これもまた折り紙細工的。

旧・千住郵便局電話事務室、正面外観　全体に丸くなっている。右側の塔屋の角も丸くなっている。外壁はラフな表面のタイル張り。

旧・千住郵便局電話事務室、外観　柱形のエッジも丸くなっている。中央のトンネルは中庭への入り口。

旧・千住郵便局電話事務室、外観　コーナーの部分。その庇も優雅に弧を描く。

旧・千住郵便局電話事務室、中庭側外観 トンネルの出口の庇が唐破風のように立ち上がっている。

旧・千住郵便局電話事務室、外観細部 コーナーの部分の庇の見上げ。蠢くような動的な感じ。

旧・千住郵便局電話事務室、外観細部　トンネルの出口。唐破風のような庇を下から見たところ。

旧・荻窪郵便局電話事務室、外観　やはりコーナーが丸くなっている。

旧・広島逓信診療所、主要外観　広い窓が規則的に並ぶ。たまたま見学現場で出会った若い建築家風の人にどこがいいですかと訊くと、「絶妙のプロポーション」との答え。

旧・広島逓信診療所、側面外観　まさにモダニズム。一階左の隅の出窓の部屋が、かつての手術室らしい。

旧・熊本貯金支局、主要部外観　規則正しい窓列。四階は増築。足元のフェンスは取り壊し工事のためのもの。

旧・熊本貯金支局、一部外観　鉤型のプランの短い方の端部。

山田守自邸　外観　庇は丸く弧を描いている。二階に少し障子が見えるが、和室であることを示す。

吉田鉄郎（一八九四〜一九五六）——表現主義から「自抑性」の建築へ

吉田鉄郎は昭和戦前期の逓信省営繕の最大のスターで、彼のチームの下で東京中央郵便局（1931年）と大阪中央郵便局（1939年）など、逓信省のモダニズムの傑作とされる作品が生まれた。東京中央郵便局は主要な外壁が残され、内部の一部も、時に当初材を使いながら復元されているが、大阪中央郵便局は二〇一二年に取り壊された。ただし、ほんの一部だが玄関部分が保存され（シートに包まれてポツンと当初の敷地に置かれているのを見たことがある）、新しいビルの中に展示されるという。モダニズム建築とはいえ、東京中央郵便局はタイル張りで、しかも隅のタイルには役物《やくもの》が使われて丸くなっており、どことなく優雅で温かく、悪く言えば中途半端なところをとどめていたが、大阪中央郵便局では、柱・梁の部分には同じくタイルが張ってあるのだが、厳格でクールである。吉田鉄郎は、この二つの間をさまよったといえるかもしれない。

それを見るために、ここでは京都中央電話局上分局（1923年、現・フレスコ河原町丸太町店）、検見川無線送信所（１９２６年、「日本におけるDOCOMOMO135選」選定）、京都中央電話局（１９２６年、現・新風館）、別府市公会堂（１９２８年、別府市指定文化財、「日本におけるDOCOMOMO164選」選定）、別府郵便電話局電話分室（１９２８年、現・別府市児童館、国登録文化財）の五つをとりあげる。なお、吉田鉄郎が業余で設計した馬場氏烏山別邸（１９３７年、現・第一生命グラウンド光風亭、「日本におけるDOCOMOMO145選」選定）は、遠くから撮ったものだが写真を掲げた。同じく馬場氏牛込邸（１９２８年、現・最高裁判所長官公邸、国指定重要文化財）は、そばまで行ってみただけだが、まったくの和風住宅のようである。ちなみに、馬場家は富山の廻船問屋で、吉田は富山の出身。

まず、旧・京都中央電話局上分局は、吉田の最も華やかな意匠が見られるもので、若い血がたぎっている彼の原点のような作品である。屋根は反っており、屋根窓、腰折れ屋根、越屋根もついていて実ににぎやか。装飾的細部を捨てているわけではなく、楕円窓も見られるし、持送りもこった形をしている。それから、四つの渦巻を組み合わせたグリルが換気口や手摺りに使われており、同じ装飾が内部の天井にも見られる。ドイツの民家に想を得たとされているが、つまりは表現主義風。吉田は分離派の世代より東大で一年上の卒業生であるが、同期であれば参加していたであろうか。

検見川無線送信所は千葉の高台にある無線送信所で、現在は廃墟のようになっているが、よくぞ残されたともいうべき強い感懐を抱かせる。ここでは、たしかに付加的装飾は排除されているが、角がすべて丸くなっており、全体がうごめくような動性をもっている。それに入り口の庇は円弧で突出しており、その下の開口部はアーチであり、どこかポツダムのアインシュタイン塔にも似た表現主義的なインパクトを与える作品である。

同様に旧・京都中央電話局も、外形はシンプルな矩形ではあるが、ファサードの最上階の窓はアーチ窓であり、側面には張り出し窓も見られる。基礎の石は優雅に角が丸くなっており、それに近づいてみると窓間壁のタイルが縦横交互に張られていたり、斜めに張られていたりして変化が付けられている。ここでもまだ潤いのある造形への意志は感じられるのである。現在、これは改修中。

別府の二つの作品、別府市公会堂と旧・別府郵便電話局電話分室にも同様なことが言える。中でも別府市公会堂はより華やか。吉田には珍しいスクラッチタイル張りで、滑らかなテクスチュアではなく、正面の五連のアーチとそのアプローチの階段もモニュメンタル。それに側面には円窓もある。窓台の持送りの下端は四半円弧を四つ連ねたにぎやかなもので、少し吉田らしくない。公会堂に展示してあったこの建物の設計図面をたまたま見たところ、図面には「吉田」と「池田」と「蒲ケ原」の印が押されていたが、この池田印は別府市技師の池田三比古（一八九三〜一九七九）のものらしく、現場監督も池田が担当しており、この建物の設計には池田の関与が大きいかもしれない。池田は一九一九年に東京高等工業の選科を卒業しており、逓信省などを経て別府市に勤めていた。実際、図面の大半は池田によって書かれたらしい（山﨑徹・川向正人「原図分析による吉田鉄郎の設計プロセスに関する研究」日本建築学会計画系論文集、2014年7月）。「蒲ヶ原」は蒲ヶ原清盛だという。同年に建てられたもう一つの旧・別府郵便電話局電話分室は、公会堂よりもだいぶシンプルであるが、それでも入り口の上部はアーチだし、円窓がいくつか見られる。それから、当初のものかと思われる雨樋の漏斗型の枡が目を引く。

吉田鉄郎は先にも少し触れたが、一八九四年に富山県の福野町（現・南砺市）に生まれ、一九一九年に東大を卒業、同年から一九四四年まで逓信省営繕課に在職。一九四六年から一九五五年（一九五二年に病気のため休職）まで日本大学教授、翌一九五六年に亡くなっている。一九三一年から三二年まで約一年間欧米に出張しており、また『日本の住宅』『日本の建築』『日本の庭園』という三冊の本をドイツ語で書いている。

吉田の「建築意匠と自抑性」という文章に、「日本建築の性格は一般的に言って、人工的であるより自然的であり、征服的であるよりは親和的である。英雄的であるよりは凡夫的であり、傲慢であるよりは謙抑である。煩雑であるよりは簡素であり、濃艶であるよりは清純である。極端であるよりは中間的であり、激越であるよりは平静である。誇大であるよりは矮小であり、外延的であるよりは内包的である。個性的であるよりは類型的であり、記念的であるよりは日常的である。これらの性格は要するに自然に対しても人間に対しても威張ったり、嚇かしたりする性質のものではなく、自分を抑へて他と和する態度のものである。包括的に親和性と言ってもいいが自抑性と言ってもいいと思ふ」（本来は『建築雑誌』1942年12月号に載る筈であったが、結局1977年11号に掲載）という一節がある。

また、「くずかご」というエッセイに、「純粋なものがいい、いや複雑なものがおもしろい、とふたりの男が論じあって、たがいにゆずらない。あげくにひとりがいった。『とにかく、僕は純粋なものがいいなあ。ちょうどすきとおった水のような……』すると、ひとりが念をおす。『それぢあ、蒸溜水ならなおさらいいわけだね』『いや、そうぢあない。ただの水だよ。蒸溜水は、純粋は純粋だろうけれど、味がない。純粋といったって、乾燥無味ぢやこまるよ。微妙な味がなくちゃね……』『それぢあ、純粋といっても複雑なところもあるわけだね』『……なるほど、そうか』そこで二人は顔を見合わせて樂しさうにわらった」（『建築雑誌』1950年3月号）という文章が見られる。

こうした文章に即していえば、逡巡しながらも個性的（表現主義）から類型的（モダニズム）あるいは「自抑性」への道を歩んだように見える。「自抑性」は一九三〇年代に強くなり、東京中央郵便局を経て、大阪中央郵便局でピークに達したと見なされるであろう。大阪中央郵便局が純粋な自抑性の表現か無味乾燥な蒸留水かはまさに微妙なところである。ついでながら、同じ「くずかご」の中で、音楽を話題にした一節に、「純粋に音樂的な要素で、地味に、手堅く、しかもごく控え目にこさいたものは、とびつきたいというほど魅せられることはないにしても、いつきいてみても樂しく、いつまでたっても、あきるということがない。……建築についてもおなじことがいえそうな氣がする。そして、そういう本格的な建築を現代建築のなかにもとめるとすれば、なんといってもオーギュスト・ペレエの建築を第一にあげねばなるまい」という文章が見られる。そういえば、大阪中央郵便局はペレ風とみられなくもない。

旧・京都中央電話局上分局、正面外観　鴨川に面する非常に印象的な外観。屋根がにぎやか。外壁はタイル張り。

旧・京都中央電話局上分局、外観細部　にぎやかな屋根部分を見上げたもの。張り出した部分の下面に、アーチと階段状の部分からなる持送りが見られる。

旧・京都中央電話局上分局、側面外観
一階はアーチ窓。二階の窓の露台の持送りがユニーク。

旧・京都中央電話局上分局、外観細部　換気口のグリル。同じデザインのものが天井の装飾にも見られる。

旧・検見川無線送信所、外観　モルタル仕上げで隅がすべて丸く仕上げられている。廃墟ではあるが、動きだしそうな雰囲気がある。

旧・検見川無線送信所、外観細部　玄関入り口の部分。アインシュタイン塔に少し似ている。

旧・検見川無線送信所、外観細部　玄関入り口の庇。落書きが目立つ。

旧・京都中央電話局、外観　正面は箱型で凹凸がないが、三階はアーチ窓。外壁はタイル張り。

旧・京都中央電話局、外観細部　窓間壁の部分には、タイルが様々な模様に張られている。

旧・京都中央電話局、外観細部　窓台の部分の役物タイル。こうやって見ると、一見平坦に見える外壁もかなり凹凸があることがわかる。

別府市公会堂、正面外観　京都中央電話局を少しモニュメンタルにした感じで、三階はやはりアーチ窓。

別府市公会堂、外観細部　三階の窓のバルコニーの持送り。四つの円弧を連ねている。

旧・別府郵便電話局電話分室、外観　シンプルな箱型。出入り口のアーチを除いて曲線が消えている。

旧・別府郵便電話局電話分室、玄関入り口　二階の露台の持送りが、不器用なほどに単純化されている。

旧・別府郵便電話局電話分室、外観細部　雨樋の上端の形が大きくてユニーク。コーニスの下端は曲面。

旧・馬場氏烏山別邸、外観　非常にシンプルでモダンな感じ。外壁にはタイルが張ってあるようだ。

堀口捨己（一八九五〜一九八四）——厳格さとロマンティシズムと

堀口捨己は分離派建築会の中心メンバーであった。建築家としてのみならず、論客としてもリーダーであった。それは設立時に出された『分離派建築会の作品』所収の彼の論考「建築に対する私の感想と態度」からも推察しうる。これは、その長さも矢田茂のものに次いで長いのだが、冒頭の「建築は藝術でなければならないと思ひます」というやわらかな文章と違って、かなり激しく建築界の現状を批判し、その変革を担わんとする強い覚悟を記したものである。その激しさと厳しさは、冒頭の詩の一節「ダイナマイトと化せよ。總てを砕け、總てを焼き盡くせ」や、末尾の文章「天才が生れても搖藍がなくては育ちません。私等はその搖藍をつくる一つの犧牲者であってもよろしい。力盡きて倒れてもよろしい。倒れる覺悟はあります」からもよくわかる。

堀口はまた、「現代はどうしても現代の様式を作らなければなりません。現代の日本は現代の日本の様式を作らなければなりません」と書き、にもかかわらず、日本の「建築界の大勢は模倣と踏襲とばかりと云っても過言ではないでせうか」「オットーワグネル、ブルノーメーリングや或はピーターベーレン、ヨセフホフマン等のように同じように新しい主張に行く人々であり乍ら、然もその個性と創作の力は各々別種の色彩を以て秀でゝゐるではありませんか。我建築界に一人のワグネル一人のメーリングが出たでありませうか」（ワグナー、ベーレンス、ホフマンと並んでメーリングBruno Möhringが出てくるのが今日の目からは奇妙。当時は彼の高層ビルのスケッチやジャーナリストとしての活躍が目立ったか）と問い、「變なものでも異様なものでも、一度は見るに堪へないやうなものになっても尚、努力し續けて遂には新しいもの個性あるものが出來て来ませう。新様式の創造などはその見るに堪へないやうな妖怪時代を恐れて居ては、とても出來ないでせう。自分の一生位ではなく、ある一時代がその妖怪時代に陥るかも知れません。それをも辭せない決心が必要だと思ひます。多くの犠牲の礎の上に積み上げられたものゝ、ほんの上皮だけを巧に取り入れて、上皮だけの類似を誇る猿のやうな者は、何時まで經ってもそのものゝ後塵を拝するだけで、それを凌駕することは愚か、追ひ付くことも出來ますまい」としている。また、「ホワーダイメンション、こゝでは空間をスリーダイメンションとしてそれに時を入れて四つのダイメンションとします」とも書いているが、これは相対性理論（一般相対性理論の発表は1916年）の反映と思われるが、堀口の勉強ぶりがうかがえる。さらには、万葉集や丈山の漢詩を引用するなどして教養のほどを示している。

ついでながら、彼は学生時代から和歌を詠んでおり、後に歌集も出している。

その堀口の略歴であるが(藤岡洋保『表現者・堀口捨己——総合芸術の探求——』中央公論美術出版、2009による)、一八九五年に岐阜県席田村(現・本巣市)の大地主の家に生まれ、一九二〇年に東大を卒業。当時としては珍しく大学院に進学、一時期助手も務めたらしい。一九二三年から翌年にかけて十カ月ほど私費でヨーロッパを旅行している。大地主の子息の余徳であろう。その後、清水組や第一銀行に勤め、帝国美術学校(現・武蔵野美術大学)に勤めたりもしているが、どうも彼にはたつきとして働くという感覚が希薄な感じがする。一九四四年には「書院造と数寄屋造の研究」で工学博士となり、一九四九年からは明治大学教授、一九六五年の定年の後は一九七〇年まで神奈川大学教授。設計作品としては、八勝館御幸の間(1950)、明治大学の和泉第二校舎(1960)と生田校舎(1964-1965)などが知られている。なくなったのは一九八四年。こうして略歴を見てみると、彼は建築家であると同時に研究者でもあった。『利休の茶室』や『茶室研究』という本も出しており、茶室研究者としても知られる。

さて、堀口捨己の戦前の作品で現存するものはそれほど多くはない。モダニズム住宅の傑作として名高い若狭邸(1939年)が残っているかと思って近くに行ってみたのだが、どうも取り壊された後のようだ。それで、ここで取り上げるのは、小出邸(1925年)と水戸測候所（1935年、現・水戸気象台堀口庁舎）の二つのみである。小出邸は現在、江戸東京たてもの園に移築されているが、南側の外観は非常にモダンで、陸屋根に大きな宝形屋根が重なるところなど、いまはなき彼の初期の名作「紫烟荘」（1926年）を髣髴させる。また、随所に突き鑿の名栗仕上げによるラフな木材が用いられ、円窓も見られるなど、彼の初期のロマンティシズムもうかがうことができる。もう一つの水戸測候所は、厳格なモダニズム建築で、これもまたいまはなき彼の傑作、大島測候所（1938年）を想像させてくれる。玄関隅の観測塔が理想的なプロポーションより低い印象を与えるが、それもまた必要なき高さを追求しないという厳格なモダニズムの精神に従ったのであろうか。ただし、背後の部屋の最奥部のコーナーには広大な出窓が設けられている。ついでながら、彼の厳格で堅いモダニズムは、戦後の明治大学の生田キャンパスや和泉キャンパスの校舎にも見られる。なお、堀口がいくつかの測候所や気象台を設計しているのは、彼の兄が気象学者で気象台関係の要職を務めていたからという。

また、これも戦後のことになるが、彼は鎌倉の東慶寺にモダニズムの感覚あふれる墓を設計している。岩波茂雄の墓（1946年）と和辻哲郎の墓（1961年）である。前者は、九個の正方形の石を敷いた広いテラスの上に低い五輪塔を置いたもの、後者は小さな直方体を立てただけのシンプルなものである。歌人であった堀口は文人との交際もあった。岩波茂雄とは分離派建築会の宣言集を岩波書店で出した以来の関わりということになる。

小出邸、外観　陸屋根のように見えるが、左隅には瓦屋根が見える。

小出邸、玄関入り口
八角形のテラスに、円形の開口部もある。木部は斫《はつ》りによるラフな仕上げ。

小出邸、内部　矩形の枠に銀色と金色の壁紙を張った緊張感ある内装。

水戸測候所、正面外観　シンプルではあるが、なんとなく洗練に至っていない感じはする。

水戸測候所、外観　出窓が印象的。こうやって見ても、正面の観測塔が低くてよく見えない。

水戸測候所、外観細部　観測塔の上部。屋上に三角の張り出しが前後にあり、その下に前方だけに矩形のテラスがある。

土浦亀城（一八九七〜一九九六）と山脇巌（一八九八〜一九八七）

――若く清いモダニズム

土浦亀城は、米国のライトの事務所で働いた後に、帰国後は白く清らかなモダニズムの住宅をたくさん生み出した建築家として知られ、山脇巌はバウハウスで学んで実際に建築家としても活動した唯一の人として知られる。しかし、彼らの戦前の作品で現存するものは多くはなく、実際、土浦亀城自邸（1935年、東京都指定文化財、ドコモモの「日本の近代建築20選」選定）と山脇設計の旧・三岸アトリエ（1934年、国登録有形文化財）しか見ることができなかった。しかも、この二つも内部を見ておらず、はなはだ心もとないレポートではあるが、二人はほぼ同世代であるし、ともに私費で渡航して新しい建築を外国で直接学んだ人である。また、二人とも夫人を伴って留学し、夫人もアーティストだという共通点があり、当時としては抜きんでてリベラルで恵まれた環境で育った人なので、ここに二人一緒にとりあげておきたい。

まず二人の略歴から。土浦亀城は一八九七年の水戸市の生まれで、一九二二年に東大を卒業している。旅順工科学堂（後の旅順工科大学）で英語を教えた父親の関係で、旅順中学校で学んでいる（田中厚子『土浦亀城と白い家』鹿島出版会、２０１４）。大学在学中に知り合った遠藤新に誘われて、学生でありながら帝国ホテルの現場でも働いたらしい。卒業設計はライト風の教会。卒業後間もなく吉野作造の長女信子（本名は信）と結婚。一九二三年に妻と共に渡米、ライトの事務所へ入る。二人はまったく無給の徒弟ではなく、いくらかお金をもらっていたようだ。当初はロサンジェルス、ついでタリアセンに移り、一九二六年に帰国。

帰国後は大倉土木（現・大成建設）に勤務。一九三四年にそこを退職して土浦建築事務所を自営。一九二〇年代にはまだライト風のやや陰影の濃い建物を設計していたようだが、三〇年代には次第に平滑なモダニズムへと移っていき、自邸はその記念碑的な作品ということになる。信子夫人もともに設計活動を行っていたという。一九六九年に建築事務所を閉じて、一九九六年に逝去。

山脇巌は一八九八年の長崎県の生まれで、一九二六年に東京美術学校（現・東京芸術大学）建築科を卒業。一九二一年に図案科二部を建築科に変えて募集した最初の入学生ということになり、またこの頃の修業年限は五年間であったらしい（山脇巌「私の受けた建築教育」『建築雑誌』１９７５年12月）。卒業後、横河工務所に入り、裏千家の茶人の長女道子と結婚、一九三〇年に妻と共にバウハウスへ留学。一九三二年に帰国するまでバウハウスの激動を身をもって体験している。道子夫人はバウハウスでテキスタイルを学んだらしい。帰国後は、川喜田煉七郎が主宰する新建築工芸学院で教えた後、帝国美術学校（現・武蔵野美術大学）で教え、一九四七年からは日本大学芸術学科の教授となり、同時に設計事務所も開いて設計活動も行っている。一九八七年の逝去。写真家としても知られる。

山脇がデッサウのバウハウスへ行ったときは、ちょうどハンネス・マイヤーが校長を解任された空白期間であり、間もなくミース・ファン・デル・ローエが校長となって後、デッサウが閉鎖されてベルリンへ移るまでの二年間であった。この危機的状況下のバウハウスを山脇は身をもって体験したことになり、それを随時、雑誌に発表したり、著書『欅』（アトリエ社、1942年）で書いたりしている。バウハウスで学んだ日本の建築家には、もう一人水谷武彦（一八九八〜一九六九）がいるが、彼は文部省の給費で一九二七年から一九二九年までグロピウスとマイヤー時代のバウハウスに留学している。帰国後、母校の東京美術学校の建築科で教え、また先述の新建築工芸学院でも教えているが、あまり設計の活動は行っていないようである。

さて、彼らの作品。土浦自邸は木造の二階建てであるが、鉄筋コンクリート造か鉄骨造のように見え、屋根も陸屋根。もちろん、和室はなく、女中室も洋室で彼女もベッドで寝ていたらしい。この住宅は「木造乾式構法」で建てられているようで、外壁も当初は石綿スレートだった。いまは縦羽目板張りで板の隙間の縦の線が見え、木造であることがわかるが、当初はわからなかったであろう。ともあれ、この白い箱型の建物は従来の日本の木造住宅のイメージを完全に払拭したまさにモダニズムの住宅の記念碑的な作品だと言える。さらにすばらしいと思うのが、この自邸を「新建築」(1935年3月)誌に掲載した際の解説文である。それは端的に、使った材料の説明に終始しており、一切の思わせぶりな意図や考えの記述がないのである。いまはなき箱根の強羅ホテル(1936年)を訪ねた際も、その斬新さと素っ気の無さに驚いたことがあるが、土浦は格好をつけたり取り繕ったりする俗気のまったくなかった人のように見える。

旧・三岸アトリエは画家三岸好太郎のアトリエ兼住宅として建てられたものである。これも木造のようだが、三岸がアトリエのイメージを絵に描いて、それをもとに山脇が設計したとされている。アトリエの広い窓と、外からも見えるそのアトリエ内の螺旋階段が印象的な建物であるが、これぞモダニズムという突っ張った感じはない。思うに、山脇は現実と折り合いながら設計をしていったのであろう。先述の『欅』所収の「夢と現実」という一節の中で、彼は「一生涯に一度でも、全く無条件で思ひ切り仕事がして見たいものです」と託《かこ》ち、「技術家の腕が自由にふるへない事が多い」嘆きを語っている。

土浦亀城自邸、外観　驚くべきモダンさ。

土浦亀城自邸、外観細部　いまは縦羽目板の筋が見えるが、かつては滑らかな表面だったという。もちろん一切の繰形はない。

旧・三岸アトリエ、外観　特徴のない住宅のように見えるが、右側に異様に大きな窓があるのがわかる。

旧・三岸アトリエ、正面外観　アトリエ故の二階分に相当する広大な窓。

山越邦彦（一九〇〇～一九八〇）――「構築」のエスペランティスト

山越邦彦は建築家というよりも建築学者であるかもしれないし、残した建築作品もそれほど多くなく、ここにとりあげるのも横浜の旧・燿堂ビル（1931年、現・日本穀物検定協会横浜事務所）だけなので、やや変則的なとりあげ方にはなるが、山越という人のユニークさと多彩さの故に、ここにとりあげておきたい。

まず彼の略歴から（山越邦彦の業績に関しては梅宮弘光氏、矢代眞己氏らによる日本建築学会人会梗概集の一連の研究があり、同氏らによる「山越邦彦のエコロジカルな住宅思想に関する多面的研究」住宅総合研究財団研究論文集、2006、もある）。一九〇〇年に東京に生まれ、一九二五年に東大を卒業後、戸田組（現・戸田建設）に入る。一九三六年に戸田組を辞めて、設計事務所を自営。一九四一年からは分裂時のややこしい時期の北京大学の教授も務めていたらしい。戦後は一時期、法政大学の教授を務め、一九五三年から一九六七年まで（定年は六十五歳であるから、一九六六年かもしれない。あるいは彼は途中から工業教員養成所の教授になっていたから、なんらかの事情があったのかもしれない。ちなみに工業教員養成所の最初の卒業生は一九六四年で、最後の卒業生は一九六九年である）横浜国立大学教授を務める。亡くなったのは一九八〇年。ちょうど八十年に少し欠ける生涯であった。

　山越は、東大を卒業した年の一九二五年の八月七日付けの東京朝日新聞の「鉄箒」欄（読者の投稿欄で、「鉄箒」のタイトル下部に「姓名の明記なきものは採らず紙上の匿名は随意」とある）に、「プルルル生」の名で、間もなく竣工予定の山田守担当の東京中央電話局を「土筆《つくし》坊建築《ぼうけんちく》」として激しく攻撃する（「プルルル生」が山越であったことは、同時代人の証言があるようであるし、まず確かである）。これをめぐる応答が面白いので、少し長くなるが書いておきたい。

　「プルルル生」はまず、東京中央電話局の　坪単価の高さを帝国ホテルと歌舞伎座並みであることをあげ、あのパラボラアーチを「あの土筆は何です。パラボラは解せき幾何でも二次曲線と云って難解な奴だ。それを所もあらうに数限りなく屋根や窓に並べたものだ。今日のコンクリート施工法では曲線は非常な不經濟だ」とし、加えて「第二には材料の亂用である……あの屋根は何です。高價なタイルを惜氣もなくはりつめては居ませんか」と書き、さらには「建築は藝術だなどと云ったのはたれだ」「さア若い建築家達よ。プロポーションとか、マッスとか、バランスとか、ハーモニーとか、もうそんな事は考へないでいゝ。あなた達はコンクリートの施工法の變るまでは直線の多い建物を作らなければいけない。そして最も價値のないものに客観的妥當性をつけることを考へなければいけない。さうして無駄のないところに美をさがす構想をしなければいけない」という言葉で終えている。

ちなみに筆名の「プルルル生」の意味であるが、おそらく電話の発信音に由来するものであろうが、山越も執筆しているダダの雑誌『ゲエ・ギムギガム・プルルル・ギムゲム』のタイトルにも含まれており、その雑誌の編集人の一人野川隆は「此の名前に就いて直きに意味を聞きたがる人があるが、そんな必要はない。(少なくとも私の一個の解釋に依れば、)音樂的な感覚でわかつて呉れゝば可い。(蛇足を附け加へるならば、)都會の街々を動く、機械で出來た人間的な動物人形には、Gの發音の振動数と波形が氣に入ったのである」と書いている。

この「プルルル生」の投稿には、当然反論があり、八月十二日付けの同欄に「中央電話局禮賛」のタイトルで、坪単価には「電報送達機や温氣暖房を始め特殊設備工事費」が含まれている旨の「M・Y寄」名による説明があり、「實用建築、それが藝術的であり、物質及精神の両方面の條件を満足せしむる事こそ當面の問題である。薄給に悩む数千の従業員と、日に幾萬の市民の心に觸れる建築が非藝術的物質的醜態である事がどうして許されよう」と書かれている。「M・Y寄」は山田守であろうが、この投稿の末尾には「(附言)この外にタツヲ氏フルヤ氏IT氏へ丶丶生より同じ意味の投書ありその代表なるを取る(係)」とあり、他に同様の四つの投稿があったことがわかる。

この「M・Y寄」の投稿に対して、再び「プルルル生」は八月十六日に反論。「帝都復興に際して、建築の指導者となるべき分離派同人の建築観を聞き世を迷はすものと慮つて、又此の欄を拝借する」「最も價値のないものに客観的妥當性をつけるといったからとて、醜建築になると考へる程頭の鈍い人が居るから、坪四百二十二圓(当初は坪五百五十円としていたが、「M・Y寄」の反論を容れて減額している――引用者)もする高價な工場建築を作って、あたりまへと平氣な顔をして世人を迷はすのだ」「耳糞のやうな建築美學をひっさげてプロポーションとかマッスとかは、くれぐれもおよしなさい」「最後に云ふ。建築家は設計も、見積も、積算も出來その上に施工もわからなければいけない」と大変威勢がよい。

これに対して、九月一日付けで瀧澤真弓が本名で、「君が『分離派同人』云々と指摘せられるに及んでは、一言せざるを得ない」と「工場荘厳」というタイトルで反論。「『今ぢやダヽも過ぎ……の世まで入って來て居るんだ』さうだ。來月あたりは何が流行するかとさぞ御心配の事だらう。斯の如き無定見な流行児が『客観的妥當性』などヽ哲人の如く語るが故に世は迷はされる。『頭が鈍い』か否かは互に少しく話をしてみれば自らわかる事だ」と書き、「いでや名のりをあげて正々堂々の論陣を張らうではないか」と結んでいる。

これに対して、「プルルル生」は九月九日付けで再び反論。これは、瀧澤が「君は『あの建物を一寸見ただけで』議論を進め」たとの非難に対して、「此の『一寸』は實に馬鹿に出來ないものです」といった揚げ足取り的な発言もあるものの、「藝術は遊戯だ。人間が此の世に居る限り遊戯は絶たぬ……併し合目的であるべき工場には遊戯は入ってはいけない。といって工場を冷遇したとか荘厳さがなくなると考へてはいけない。遊戯がないから荘厳なのだ」と書き、「もうかるので人はぜい澤品を好んで生産する（例へば建物の屋根に土筆坊をつけて）」とよほど気にいったのか、再度「土筆坊」というあだ名を使っている。

中央電話局をめぐる「鉄箒」上での論争は一応これで終わるが、「プルルル生」の書きぶりを見ていると、あの「建築非芸術論」の野田俊彦に少し似た感じもする。双方ともに歯に衣着せぬ論客だったということであるが、大正という時代のもつ一種の開放感を背景としているのかもしれない。ついでながら、野田俊彦も「鉄箒」欄に同年九月二十二日付けで、議院建築の完成の遅さを批判する「新議院の速成」というタイトルの文章を本名で書いている。

なお、「プルルル生」は「鉄箒」欄にほかの文章も書いており、「ラヂオ都市」（同年十月二十四日付け）では、「我々の目の前には復興といふ大きな仕事が控へて居る。これからは構築に構築を重ねなければいけない。併しそれをたゞ復興局のお役人や建築家とか大工さんに許り委ねるのはよさうぢゃないか。在来の藝術のやうに、一般民衆の手に渡ったときに構築は大發展を開始する……しかし一寸お待ちなさい。最少努力で最大効果を上《あげ》ることが構築の根本原理だといふ事を忘れてはいけません」と書いている。なお、この「ラヂオ都市」という語句が、山越が本名で『ゲエ・ギムギガム・プルルル・ギムゲム』に書いた「構築・構築」という論考にも見られる。さらについでだが、この「構築・構築」は小見出しのアルファベットが横を向いたりひっくり返ったりしているなどダダ的感覚に富む論考で、エスペラントの文章が4か所ある。『ゲエ・ギムギガム・プルルル・ギムゲム』誌の表紙の号数表記もエスペラントである。「構築・構築」のエスペラントの綴りは誤植が多いようで〔誤植もダダか?〕、末尾の文は、将来、世界は構築が個性を発揮することになるといった意味の文章らしい。

また同じく「鉄箒」欄の文章「英語放送」(同年七月十二日付け)では、JOAKの英語放送をエスペラント語放送にすべき旨の発言をしている。彼はエスペランティストであり、自分が実験的に設計して建てた建物に「ドーモ・ディナミーカ」(動的住宅の意味)とか「ドーモ・ムルタングラ」(多角的住宅の意味)と名付けている。また、彼は先述の例のように「構築」という言葉を好んで用いており、それに"structurismo"(英語のstructuralismに相当)というエスペラント語を当て、建築の科学化を図ろうとした。建築の科学化は、乾式構造(トロッケンバウ)や床暖房や「太陽エネルギー固化場構築」や「糞尿浄化構築」などの研究に至り、ユニークな設備考案者・研究者としても知られる。また、彼は図書の国際十進分類法の普及にも尽力している。

山越邦彦はこのように非常に多才な人であったが、「訊ねても語らず、心を尽くして求め薦めても著書を残さず、遺言もしなかった」（横浜国立大学建築学科同窓会誌「水煙会会報」18号、1988年、所収の「山越邦彦先生を追悼する」に掲載の夫人の書簡による）人であり、「ほそぼそとお話になる講義」は学生たちに睡魔をもたらし、「『わたし』とおっしゃったつもりの発音から、『わっち』というニックネームがたちまちついて」しまったという（同「山越邦彦先生を追悼する」より）。あの「プルルル生」の激しさのイメージとは違っていて、かなり意外である。

さて、肝心の旧・燿堂ビルであるが、これは戸田組の仕事であり、施工も戸田組である。これは、「新建築」誌（1932年3月）に、山越の名で発表されている（ただし、1枚の写真のキャプションには“Todagumi”と記されている。「燿堂ビル」は横浜・中華街の実業家陳燿堂氏のビルの意）。タイルを張らない塗装仕上げの鉄筋コンクリート造四階建てで、正面と背面がともに道路に面している。両ファサードはほぼ全面がガラス窓となっており、戦前のビルとは思えない斬新さを示している。これが戦後のビルであれば、なんの変哲もないビルということになりかねないが、一切の装飾的細部を捨てた潔さと激しさは山越ならではのものであろう。

なお、このビルの近くに加賀ビル（1932年、「新建築」の1932年8月号に“Architect : Yamakosi”の名で掲載。戸田組の名はない。記事の表題は「加賀ビル」であるが、写真のキャプションは「加賀町ビル」となっており、あるいはかつての町名に基づくものと思われる「加賀町ビル」のほうが正しいかもしれない）という同じく山越設計のビルがあったが、一九九一年に建て替えられ、現在は聘珍茶寮中華街店となっている。この加賀ビルはタイル張りであり、コーナーに建っていたこともあって、隅は少し優雅に弧を描いていた。山越もまたガチガチのモダニストではなかったのかもしれない。

旧・燿堂ビル、正面外観　まことにモダン。左側は階段室。右側が車庫入り口となっている。

旧・燿堂ビル、逆正面外観　出入り口の周囲に張ってあるタイルは後補のもの。ほぼ全面がガラス窓。

旧・燿堂ビル、側面外観　隣にビルがなく、いまもよく見える。

坂倉準三（一九〇一〜一九六九）――「文学士」のモダニスト建築家

坂倉準三の戦前の仕事で、現存するものは旧・飯箸邸（1941年、現・ドメイヌ・ドゥ・ミクニ、「日本におけるDOCOMOMO115選」選定）のみであり、しかもこれは木造平屋の住宅で、移築されてもいるから、これのみで坂倉を語るのは強引に過ぎるかもしれない。しかし、日本の初期モダニズム建築を語る際に、坂倉準三は欠かせないであろうし、戦後間もなくの神奈川県立近代美術館（1951年）と東京日仏学院（1951年）も健在なので、それらにも少し触れることでこの節を埋めたい。

坂倉準三は一九〇一年に岐阜県の竹ヶ鼻町（現・羽島市）に生まれた。実家は醸造元で、実家の豊かさが進学もフランス滞在も可能にした。一九二七年に東大文学部の美学美術史学科を卒業、美術史のほうを専攻したという。一九二九年に渡仏、土木・建築を学びながら一九三一年からル・コルビュジエのアトリエで働き（前川国男の紹介によるという）、一九三六年に帰国。坂倉がフランスで建築を学んだ学校は、私立の土木・建設・産業専門学校（École spéciale des travaux publics et du bâtiment et de l'industrie、1891年の創立で、いまはESTP Parisの名で知られ、グランド・ゼコールの一つとなっている)で、当時の修学年限は土木は三年、建設と産業(電気が中心)は二年だった。土木を教えることが中心の学校で、建設もアーキテクチュアではなく、現場の監督を養成したり、実践的なコンクリートを学ぶことを主眼とした学校であった。

この学校へはル・コルビュジエの勧めによって通ったとされているが、ここが最も手っ取り早く建設を学べる場所だったのであろうし、ル・コルビュジエはデザイナーではなくエンジニアを望んでいたのかもしれない。帰国した同じ年に一九三七年の万博の日本館建設のために再度渡仏、一九三九年に再帰国。一九四〇年に坂倉準三建築研究所(現・坂倉建築研究所)を設立。以後、横浜のシルクセンター(1959年)、神奈川県庁新庁舎(1966年)、新宿駅西口広場(1966年)などの仕事を残して、一九六九年に亡くなっている。

建築家坂倉のデビュー作は、一九三七年のパリ万国博覧会の日本館であるが、この時のフランス大使は前川国男の伯父佐藤尚武で、彼は前川ならぬ坂倉の万博へのフランス派遣に尽力している。これを坂倉が担当するに至る経緯はそれほど単純ではなく、当初は前川国男案、次に前田健二郎案、そして前田案をもとに坂倉が現地で設計するという形をとったらしいが、前田案と実現案には相当な懸隔があり、結局すべてが坂倉案といってよいであろう。ただし、前川案が日本色がないとして退けられ前田案に代えられたという経緯は坂倉も知っていて、多少は日本色を考慮したかもしれない。

しかし、一九二五年のアール・デコ博の日本館（設計は山田七五郎と宮本岩吉、施工は島田藤吉）がごく普通の和風木造二階建て住宅風であったのに対して、これはル・コルビュジエの影響を強く受けたものであった。とりわけ出入り口はまったくのル・コルビュジエ風。ただし構造は鉄骨造兼木造で、ル・コルビュジエよりもずっと軽快。側面のファサードなどに見られる木製の格子が、四半張りのなまこ壁を思わせるということで日本色をも併せもったものとされた。実際、『ラルシテクテュール』誌（1937年8月15日号）は、「一九三七年の博覧会の外国パビリオン」という記事の末尾で日本館に触れ、「一つの建築がミカドの帝国にまさに生まれようとしているのだろうか？……空気のように軽い……シンプルな骨組みとして建てられたこの建物には、いかなる装飾的モチーフもいかなる飾りも存在が許されていない……日本の建築家は、新しい技術の要求を変わらない国の美術形式の特徴に従わせた。……白人の建築家たちは、彼らには明らかに相容れないと見えるものを和解させる方法をニッポンにおずおずと頼むことになるのであろうか？　光は東洋からやって来るのであろうか？」と書いているから、あのパビリオンになんらかの日本色は感じ取られたのであろうが、あの木製格子が単に軽快なブリーズ・ソレイユと見なされた可能性も大きい。

この記事は、ヴァルドマール・ジョルジュ（Waldemar George）というポーランド出身の美術批評家が書いたものであり、設計者としては坂倉とフランス人建築家Danis（ダニもしくはダニス、Robert Danisのことか）の共同となっている。これは、建設費にフランスもお金を出すのでフランス人建築家との共同が義務づけられたからである。なお、もう一つのメジャーな雑誌である『ラ・コンストリュクシオン・モデルヌ』には日本館に関する記事はない。

ところで、日本館が高い評価を受けた証左として、しばしば博覧会の大賞（Grands Prix）を受賞したということが言われるが、坂倉の勲章としては、上の記事にとりあげられたということのほうがはるかに価値があるだろう。もっとも、あの変哲もない一九二五年のアール・デコ博の日本館も『ラ・コンストリュクシオン・モデルヌ』誌は他の外国館に先駆けて言及しているし、『ガゼット・デ・ボザール』誌も消極的にではあるがこれに触れているから、坂倉の日本館が以前の日本館に対して格別の好評を博したわけではない。大賞受賞が特段の評価を受けたわけではないということの理由は、博覧会の賞というのは参加証明のようなものだからである。

『ラルシテクテュール』誌（1938年9月15日号）に「第五群　都市計画・建築」の表彰者リストが載っているが、この「第五群　都市計画・建築」だけでも膨大の数にのぼり、その第五群自体も「17組　地下の都市計画」から「25組 労働者都市・田園都市・陸上および水上スポーツ施設」まで九つの組に分けられ、その「21組　公共および公用建物」の中に坂倉の名が見られるのである（ただし綴りは"Sakakura (Jungo)"となっている。日本館が表彰されたのではなく、表彰されたのは坂倉）。その「21組」の大賞受賞者は二〇三人（個人名ではない九つの団体も含む）。もちろん、そこにはこの博覧会の目玉パビリオンたるソ連館の設計者イョファンもドイツ館設計者のシュペーアも、そして日本館の共同設計者Danisも含まれている。大賞受賞者が最も数が多いが、その下の名誉賞（diplôme d'honneur）、金賞、銀賞、銅賞もあわせると五百人を超えるであろう。いずれにしても、ほとんどの参加者がなにがしかの賞を得たのである。ついでながら、「19組　公園・庭園」の銀賞の受賞者に"Uno Hitomatsu, 483, Higashi 5 Chome, Gojobashi, Higashimaya《ママ》-Ku. Kioto (Japon)"が見られるが、これは京都の工芸家宇野仁松のことであろう。大賞受賞はさしたる意味を持たないが、坂倉準三が国際的な資質を備えた最初の日本人建築家としてフランスに知られたことは重要であろう。

　さて、肝心の旧・飯箸邸。これは木造の平屋で、一九四一年、東京の世田谷区等々力に実業家・政治家でもあり美術史学者でもあった団伊能の別荘として建てられたものである。団は坂倉の学生時代に東大助教授をしており、一九三七年の博覧会の日本館設計に坂倉を推したのも、当時国際文化振興会常務理事であった団だとされる。その後、飯箸邸となり、二〇〇七年に軽井沢に移築され、レストラン「ドメイヌ・ドゥ・ミクニ」となっている。この住宅は、「一日本小住居」として『新建築』(1942年1月号)に発表されており、そこに掲載された写真と移築された現状を比べてみると、両者の敷地の形状の相違(当初は高低差のある敷地だった)とか、一部の和室を洋風にしているといった点を除けば、概ね忠実に保存移築がされたように見える。南側ファサードの木製の回転大扉も復元されており、暖炉のある居間もほぼ忠実に移されているように見える。壁は漆喰塗りの大壁であるが、直線的な大屋根、しかも左右非対称の切妻、南面の広い開口部などにモダニズムの刻印が指摘できるであろうか。

この「一日本小住居」には、図面と写真は添付されているが、文章はこの住宅を直接に語るわけではない「國民住居」と「神々の復活」と題された二つのものがあるだけである。その後者のほう「神々の復活」を少し引用する。「十二月八日は世界歴史の上に忘るべからざる日となった。畏くも米英に對する宣戦の大詔は渙發せられ、皇軍は雄大且つ緻密なる計畫と神速なる行動を以て、日本世界建設のための戦ひの幕を切つて落した。まさに世界歴史一千年の運命を決すべき戦ひである。この戦ひはあくまでも完遂せらるべく、又今後の幾多の困難にも拘らず建武中興の運命を繰り返すことなく、必ずや輝しく完遂せられるであらう。日本はかくて南洋、支那、インド、東印度諸島、濠州を含む大東亜圏の全面的確保をなし、日本人は再び日本を中心とするアジア、太平洋圏に神々として復活するであらう」「日本歴史の最も惨めなる一時期に、植民地的奴隷的矮小陋屋が、かりそめにも日本の國民的住居などゝ僭称されたことがあつたなどといふことは、考へも及ばないこと〻なるであらう」。

真珠湾攻撃の翌月に出た雑誌である。その興奮ぶりがよくわかる。戦争はすべてを一律にしてしまうということであろう。もっとも、坂倉準三は大東亜共栄圏や八紘一宇ともつながる文化サロン「スメラクラブ」(「スメラ」はバビロニアのシュメールのこと)のメンバーであったという。西洋的教養を受けた人たちもまた、戦争下では従順な臣民であった。

戦後間もなくの一九五一年の鎌倉に、神奈川県立近代美術館(現在は近代美術館ではなく鶴岡八幡宮の施設。神奈川県指定文化財、ドコモモの「日本の近代建築20選」選定。なお、一九六六年に建てられた新館は二〇一六年に取り壊された)が建てられた。これは前川国男、吉村順三、谷口吉郎、山下寿郎および坂倉の五人による指名コンペをかちえたもので、日本の戦後モダニズム建築の先駆けをなすとされるものである。敷地は鶴岡八幡宮の境内にあるが、そうしたしがらみを断ち切って、ひたすら明るい未来を向いて建っている。一九三七年の日本館のはるかなこだまでもある。同じ一九五一年に東京日仏学院(現・アンスティチュ・フランセ東京、開館は1952年1月)が建つが、これは太いマッシュルーム型の柱や楕円形プランの階段室などに一九三〇年代以降の彫塑的でブルータルなル・コルビュジエの作品の影響が見られるものである。旧・神奈川県立近代美術館とともにコルビュジェアン坂倉の優秀さを示す作品であり、坂倉の一時期のピークを示すものでもあろう。

旧・飯箸邸、庭園外観　右が長く、左が短い緩やかな切妻屋根が特徴。大壁に大きな窓が見られる。

旧・飯箸邸、外観　露台上の壷とか石とか、雑誌発表時の写真とよく似た景観が復元されている。

旧・飯箸邸、内部　暖炉と暖炉廻りの壁も忠実に復元されている。

旧・神奈川県立近代美術館本館、正面外観　一階はピロティになっていて、中央の大きな階段を上がって二階の展示室に入る。

旧・神奈川県立近代美術館本館、外観細部　源平池に迫り出した二階が、池内の石上の細い鉄柱で支えられている。

旧・神奈川県立近代美術館本館、源平池側外観　新館が取り壊された直後の本館。右隅にシャベルカーとカバーシートが見える。

東京日仏学院、外観　マッシュルーム状の円柱が印象的。

東京日仏学院、外観細部　マッシュルーム状の円柱がある部分。坂の途中にあるので、下から上って行くとこれが目立つ。

東京日仏学院、内部　楕円形平面の階段室の内部。

山口文象（一九〇二〜一九七八）――「弁証法的唯物論」とモダニズム

山口文象を語るには一筋縄ではいかない。「文象」は「ぶんぞう」と読むらしいが、名前からして様々で、山口文三、山口蚊象、岡村蚊象などいくつかある。山口家に生まれ、幼時に岡村家に養子に入り、青年期に再び山口姓に戻ったらしいが、当初の戸籍名という「山口瀧蔵」というのも、『東京高等工業学校附属職工徒弟学校一覧』の一九一八（大正7）年三月の木工科大工分科の卒業者名簿には、「岡村瀧造　東京　逓信省経理局営繕課」とあり、「瀧蔵」なのか「瀧造」なのかもよくわからない。山口文象に落ち着くのは四十歳ころだというが、単なる区別の記号に過ぎないとも思われる名前にすら細かくこだわったのは、神話的な「山口文象」像をつくりあげようと懸命に格闘してきたことの端的なあらわれであろう。

一九〇二年に東京に生まれ、一九七八年に亡くなっている。先述のように、一九一八年に東京高等工業学校附属職工徒弟学校（現・東京工業大学付属科学技術高校につながる）を卒業している。当時としては相当な高学歴だと思われるが、それでは不満だったようで、この学歴についても、府立一中を一日で退学したなどという神話がつくりだされている。卒業後、清水組を経て逓信省営繕課に入り、一九二三年に分離派建築会に関わると同時に、逓信省営繕課の五人の技手・製図工とともに創宇社建築会を結成。一九三〇年末に渡欧（公費での渡航か、よほどの富裕な者のみが外国滞在が可能であった時代になにが彼の渡航を可能にしたか。グロピウスの事務所で給料をもらっていたというのももちろん神話であろう）。一九三二年に帰国。この時も、グロピウス夫妻と一緒にイギリスに亡命したという神話をつくっている（本人の談話）。帰国後、山口蚊象建築設計事務所を主宰。一九五三年に「ＲＩＡ建築綜合研究所」（RIAはResearch Institute of Architecture、現・株式会社アール・アイ・エー）を設立。生涯、活発な設計活動を行っている。

彼の設計作品は多いが、書いたものはあまりなく、ほとんどは語ったものの記録である。創宇社が一九二九年十月に主催した第一回新建築思潮講演会での講演「合理主義反省の要望」の記録（『国際建築』１９２９年11月号に掲載）が最も長いものだと思われるが、これもほとんどすべてアジテーションである。「弁証法的唯物論」つまりはマルクス主義を踏まえていない単なる合理主義はダメだと言っているにすぎない。この講演録も収録している『建築家山口文象人と作品』（相模書房、１９８２年）が掲載しているもう一つの復刻論文「新建築に於ける唯物史観」（『アトリエ』１９２９年９月号掲載という）もほとんど内容がない。しかし、設計そのものには戦前からたくさんの仕事に関わっており、残っているものも多い。その中には、時代の先端を行く典型的なモダニズムの作品もある。日本歯科医学専門学校付属病院（１９３４年）がとりわけ名高いが、これは現存しない。ここにとりあげるのは、東京電力山崎発電所および早川取水堰（１９３６年、「荻窪用水と関連施設（取水堰）」として土木学会選奨土木施設に認定）、山形の梅月堂（１９３６年、現・ＹＴ梅月館、「日本におけるDOCOMOMO145選」選定）、日本電力黒部川第二発電所（１９３８年、「日本におけるDOCOMOMO100選」選定）、山口文象自邸（１９４０年、現・クロスクラブ）、林芙美子邸（１９４１年、現・林芙美子記念館）の五つである。

東京電力山崎発電所および早川取水堰は、箱根登山鉄道の入生田《いりうだ》駅近くのこぢんまりとした発電所と、そこから二キロほど早川を遡ったところにある取水堰からなる。発電所は、円筒形の主要部に鉤形の腕と半円形断面の塔屋とが組み合わさったもので、いかにも幾何学的構成の造形と称すべきものである。取水堰は「空気膨張式ゴムゲート」というようだが、これもそれほど大きくはなく、あまり目立たない。しかし、左右両端に設けられた小屋のうち、一方の側は増築と思われるが、もう一方のほうは屋根の両端が尖りアーチ形に突出しており、当初のシャープな造形を残している。

梅月堂は、もとは和洋菓子店兼喫茶室だったところで、山形市内の中心市街地の角地にたつ三階建てのビルである。梅月堂は倒産し、背後の木造部分は取り壊されたようだが、このビルは保存され、「YT梅月館」というテナントビルとなっている。戦前のビルとは思えない広大な窓をもっており、とりわけ斜めにカットされた角の部分の二、三階の窓は大きく、ほとんど全面ガラス的な印象を与えている。

日本電力黒部川第二発電所は、ここにとりあげた五つの作品のうちでも、規模的にも質的にも群を抜いた仕事で、現存する日本の戦前のモダニズム建築の代表的なものの一つといってよい。発電所といっても単純な矩形の建物ではなく、いくつかの機能によって外観の異なる三種の矩形プランの建物が魅力的に組み合わされている。すなわち、一つはコーナー部分までもガラスにした全面ガラスのカーテンウォールの部分、もう一つは柱・梁を明確に示した部分、そしてカーテンウォールではあるが横長の矩形の窓と窓間壁とを備えた部分である。ここには、造形家としての山口文象の才能がよく示されている。

あとの二つは木造の住宅であるから、これぞモダニズム建築というわけではないが、一つは常時公開されており、一つは時に公開されているようであるから、少し書いておく。山口文象自邸は大きな招き屋根をもつ建物で、現在はご子孫の住宅であり、かつクロスクラブという名のコンサートホールとしても使われているようである。増改築があるようだが、「弁証法的唯物論」のモダニストの自邸としては意外に閉鎖的である。林芙美子邸は『放浪記』の作家の晩年の住居で、現在は新宿区立林芙美子記念館となっている。トップライトのあるアトリエを除いてすべてが和風の瓦葺き漆喰塗り壁の平屋で、モダニズムの建築家の仕事とはにわかには信じられないかもしれないが、よくよく見ると屋根は反りも起《むく》りもなくまったく直線的できわめてシャープ。山口文象はこうした伝統的な和風建築をもそつなくこなせる技量を備えていたのであろう。そういえば、彼の祖父も父親も大工棟梁だったという。

なお、彼は晩年にはキリスト教の洗礼を受けたようである。受洗で少しは心の静穏を得たであろうか。マルキシストからクリスチャンへと至る激しく突っ張った生涯であった。

東京電力山崎発電所、外観　円と矩形の組み合わせ。機能は円形プランの部分にあり、矩形の部分は入り口へのアプローチ。

東京電力山崎発電所、外観詳細　円形部分の左にある半円形の塔は排気塔か。

東京電力山崎発電所早川取水堰、外観　太いゴムホース状のもので水を堰き止めている。右側の橋脚は長六角形。左側の上屋は増築であろう。

東京電力山崎発電所早川取水堰、外観細部　入り口の庇が尖りアーチの形に前後に突出している。

旧・梅月堂、外観　コーナーの部分の広大な窓が印象的。

日本電力黒部川第二発電所、正面外観　右側の主要部は柱・梁を見せるが、左端の部分は隅まで窓。背後の部分は窓と壁が面一。

日本電力黒部川第二発電所、側面外観　対岸の山の麓にあるが、手前に鉄橋がかかっている。

日本電力黒部川第二発電所、内部　もっぱら機械を収めるためにあるシンプルな内部。

山口文象自邸、外観　片流れのような大きな屋根が特徴。

林芙美子邸、庭園側外観　屋根に反りも起《むく》りもなく、やはりモダンな感じはする。

林芙美子邸、外観細部　唯一の洋風部分で、ここは画家であったパートナーのアトリエであった。

谷口吉郎（一九〇四〜一九七九）——文人建築家の非「機械的」モダニズム

谷口吉郎は、いまはない東京工業大学水力実験室（1932年）などで知られる戦前からのモダニスト建築家であるが、また一方でたくさんの文章を書いた文人建築家としても知られる。その文章の基本的な題材は建築であるが、それにいわゆる文学的教養を加えて書き、発表媒体も建築関係の雑誌のみならず、『思想』『公論』『改造』などの総合雑誌や『文藝』などの文学雑誌、それに一般の新聞紙上など多岐にわたる。文学者との交流があった点では堀口捨己と似ているが、谷口のほうがその交流の程度はずっと大きい。

谷口吉郎は一九〇四年に金沢市の九谷焼の窯元の家に生まれ、一九二八年に東大を卒業、大学院に進み、一九三〇年から東京工業大学の教官となり、一九六五年に退官するまで東京工大教授であった。退官の後も谷口吉郎建築設計研究所を主宰し、東京国立博物館東洋館（1968年）、東京国立近代美術館（1969年）などの個性的な仕事を残している。亡くなったのは一九七九年で、一九八一年に『谷口吉郎著作集』全五巻（淡交社）が出ている。谷口はまた、多くの著名な文学者などの詩碑・文学碑、墓碑、記念碑を設計しており、実際に施工されただけでもその数は七十四にも上るという。まさに、文人建築家であった。なお、彼は一九三八年から翌三九年まで、およそ一年間、駐独日本大使館の新築・庭園整備のために外務省嘱託としてベルリンに滞在している。念願のヨーロッパ滞在であったが、当時のドイツはナチス政権の真っただ中にあった。

谷口が大学院時代に書いたと思われる最初期の文章の中に、「分離派批判」(1928年)、「コルを掴む」(1929年)、「建築は口ではない」(1929年)、「ル・コルビュジエ検討」(1930年)などがあるが、これらはすべて分離派やル・コルビュジエや新建築運動家を評価しつつも、谷口にとっては過激・狭量・機械的と見なされる姿勢に対して注意を促すというスタンスで書かれている。たとえば、分離派を「建築硬化症の産物たる退嬰的な耽美主義の蠢動だ。建築を叫ぶもそれは建築を自己の逃避所とし、その中に立て籠り、その小世界に自我を誇大に主張せんとする井蛙《せいあ》的な建築芸術史上主義の傀儡だ」(「分離派批判」1928、『谷口吉郎著作集』第二巻より)としている。

また、この最後にあげた「ル・コルビュジエ検討」は岩波書店刊の『思想』に掲載されたものであるが、同じ『思想』の「ヒューマニズム」特集号に田辺元、三木清、和辻哲郎、清水幾太郎、谷川徹三などと並んで書かれた「機械建築の内省」(1936年)には、「わが國の新建築も、この『國際建築』の震撼によって、新鋭の氣は、一切の舊套をかなぐり棄てる氣負ひに追ひ捲られた。從って、新しい生氣の注射を受けた反面に、醜い衒氣の興奮もあった。すべての古さが、たゞ古いが故に唾棄され、傳統も傳統なるが故に、内容の見極めもせずに因襲の極印を捺されたものがあった。まだ官學派の充實した内容の建築もないのに、外國流の反アカデミズムの鵜呑みによって、文化遺産の検討どころか、手當り次第に文化の継承を破棄する亂暴者もあった」「餘りに焦り過ぎた直譯の生硬によって本質が曲解されてゐたものが無かったらうか。或ひは阿世の衒氣によって、新奇に憑かれた狂燥に走ったものが無かったらうか。『國際建築』の文字に、たゞ字義的な獨斷を下して、建築の國境撤廢のみを感じ、建築の母胎であり土壌である郷土への技術的立脚さへも忘却したものは無かったらうか。或ひは、『機械建築』の主張が、機械論建築と云ふ僞紳士によって、本旨をすりかへられてはゐなかったらうか」という記述が見られるのである。

谷口は、若くして高踏的な大家然としての論陣を張ったわけであるが、彼は単細胞的な議論を「機械的」として嫌い、派手な造形を「げてもの」として蔑んだ。彼の文章表現力は、その頃の茶器を「ひねくれた茶碗のようなかたくなな、しかも成上がり者の贅肉を思い出すような嫌味に盛り上がった俗悪の極におさまり返っている」(「化膿した建築意匠」1936年、『谷口吉郎著作集』第二巻より)と評したところなどに十分にうかがえ、よく言えば奇矯に走らない中庸、バランスの良さを示しているが、逆にそれ故のインパクトの弱さもあったかもしれない。

彼の中庸性は、左翼的な雑誌『改造』『文藝』(いずれも改造社刊)と、かなり右翼的な雑誌『公論』(第一公論社刊)の双方に書いていることでわかるし、「観念論者は、西に落ちた太陽に不安を感じ、明日の日の出を期待することが出来ず、夜の闇を恐れ、自暴自棄して神秘の中の金泥で色塗られた人為的太陽を描き、闇の焦慮を護摩化さんとする。唯物論者はそれに反して、西に沈んだ夕陽を見て、地球の一自転後において東に現れる太陽を知り、手を拱いて、それを待つ。だが、自分達は、その自然法則を知るが故に、明日の暁を知るが故に、それまで準備を計画して、朗かな睡眠を取り、明日を待とう」(「建築随想」1929年、『谷口吉郎著作集』第二巻より)という少し能天気な文章でもわかる。

彼のバランス性はまた、ナチスのモダニズム建築排除を「然し、何と言はうと、このドイツに起った新建築の大變動は、撲殺にも似た弾壓行為であった」(「機械建築の内省」1936年)と書かせつつ、「性能のいい軽快な『国民自動車』に乗ってラジオの音楽を耳にしながら、時速一〇〇キロの快スピードでこの自動車道を疾走するものは、かつて焚書が云々され軍事行動が云々されたナチスの悪口も、うち忘れて、思わず快哉を叫ぶことであろう」(「国土美」1941年、『谷口吉郎著作集』第二巻より)とアウトバーン称賛の言を書かせてもいる。

また、一九四二年七月に日本建築学会であった座談会「大東亜共栄圏に於ける建築様式」で、座長の岸田日出刀が「建築といふものに民族の意思なり國家の意思といふものをはっきりと表はさなければならぬという時代になり」としているのに応じて、出席者の谷口は「従来の色々古い建築物より何か知ら或形の上の精神を受け継ぐやうにして行かなければならぬのではないか、それが又建築と云ふもの丶非常に大きな役目を持つものではないかと考へて居る……建築の形と云ふものは最早従来の如き實用構造と云ったやうなものを離れて……一つの精神と云ったもの丶表現の仕方でなければならぬのであって、又さう云ふ表現の仕方に建築の観念が進んで参りますならば、言葉が適當でないかも知れませんが、神様の表現とでも申しませうか、さう云ふ點で私は今から神の建築をしようと云ふ風なことを考へて居ります」としている（『建築雑誌』1942年9月号）。この「神の建築」発言には、前川国男の「谷口吉郎の所謂『神の建築』を『人の建築』に簒奪せんとした冒瀆」（『建築雑誌』1942年12月号）という批判があるが、前川の真意はわかりにくい。またついでながら、この座談会は遠藤新の少しピントのずれた長広舌に座が白けている様子がうかがえる。その遠藤は「近頃日本人が方々に行って盛んに八紘爲宇と云ふことを言ひますが、私はどう云ふところから斯う云ふ言葉を持って來て言って居るのか實はいろいろ反省しながら考へて居るのです」と言っている。

しかし、谷口が戦時中でも国粋主義に陥らなかったことは確かで、先述の右翼的な『公論』

にすら、「アッシリアを亡ぼし、エジプトを攻めたペルシアは、その亡国の文化形式を借りねばならなかった。ギリシアを版図とした大ローマも、そのギリシアの造形美に服従しなければならなかった。東亜の新しい出発が口に論じられる時、わが朝鮮征伐の大陸進出や倭寇の南進が、その武力や気力に、如何なる造形美を持った建設が、それに伴って発展していったか、ひるがえって考えてみることも、無駄でなかろう」(「国土美」1941年、『谷口吉郎著作集第二巻より)と書いているからである。

さて、本題の戦前の彼の現存作品。ここにとりあげるのは、慶応義塾幼稚舎(1937年、ドコモモ「日本の近代建築20選」選定)と慶應義塾大学日吉寄宿舎(1937年、横浜市認定歴史的建造物、「日本におけるDOCOMOMO184選」選定)の二つである。いずれも慶応の施設であるが、わずかに三十歳をすぎたばかりの谷口と慶応との関係は、当時の慶応理事であった槇智雄(その子息が槇文彦氏)との関わりによるという。幼稚舎の設計には、それ以前から慶応と深い関わりのあった曾禰中條建築事務所の補佐もあったとされる。

幼稚舎はつまりは小学校の建築であるが、コの字型に配された、装飾的細部を一切欠き広大な窓をもった鉄筋コンクリート造三階建て(一部二階建て)の実にモダンな建物で、一部に柱頭も柱礎もないただの円柱の列が見られるものの、軽快でオープン(少なくとも運動場側には)な建物である。日吉寄宿舎は鉄筋コンクリート造三階建ての建物で、並行して建つ三棟の建物と、別棟の浴場棟からなる。三棟のうち最も南側の南棟は二〇一二年に保存活用工事がされ、現役の寄宿舎である。まさに白い箱型のモダニズム建築であるが、日本の気候を考慮したものとされる深い庇の突出は、外観に独自性を加えているし、外壁前面にも小さな正方形の白磁タイルが張ってある。浴場棟は現在用いられていないが、円形プランのこれもまたユニークな建物である。戦前の大学の寮としては最先端の近代的な施設であったであろう。

谷口の戦前の作品には、もう一つ自邸（1935年）があり、行ってみたが、それらしき建物があるようでもある。ただし増改築の度合いがどの程度かはよくわからない。谷口は、終始学術的なモダニストとしてあり、鋭い言葉を発しつつも過激ではなく理非をわきまえた姿勢を維持した。彼は歴史を排除しなかったが、それは博物館明治村の創設に尽力することにつながったであろう。彼はまた、早くから「建築計画学」の重要性を指摘しており（「建築意匠学・序説」『建築雑誌』1938年1月）、やはりバランスのとれた建築家であった。ちなみに、彼の学位論文は「建築物の風圧に関する研究」（1942年）というものである。皮肉なことに、あるいはこれが彼の書いたもののなかで最も知られていないものかもしれない。

慶応義塾幼稚舎、正面外観　まったくシンプルな外観。

慶応義塾幼稚舎、運動場側外観　コの字状のプランの建物が置かれている。一階には広大な窓。右側の建物には円柱列も見える。

慶応義塾大学日吉寄宿舎、外観　コーニスの突出が目立つだけのシンプルな外観。

慶応義塾大学日吉寄宿舎、側面外観　一階の広い窓は食堂。奥の隅にあるのが階段室。

慶応義塾大学日吉寄宿舎、浴場棟外観　円形のユニークな外観。目下のところは使われていない。

前川国男（一九〇五〜一九八六）――モダニズム建築の闘士

前川国男は戦前からのモダニズム建築の闘士で、一貫して戦後もモダニズム建築の発展・成熟の牽引車であった。日本近代の建築家が、国際的に同じ土俵で他の国の建築家たちと対等に競えるようになったのも前川に始まるとも見られ、今日の日本の建築家の国際的な評価の高まりの基礎をつくったのも前川であるかもしれない。日本のモダニズム建築の歴史における前川の存在は甚だ大きい。なお、最近は「国男」を「國男」と旧字体で書くものが多く、江戸東京たてもの園も「前川國男邸」としている。しかし、これで行くと吉田鉄郎も「鐵郎」、川崎鉄三も「鐵三」になる。これも神話化の一つとなりかねないので「国男」としておきたい。

前川は、一九〇五年に内務省の土木技師であった父親前川貫一が信濃川改修で赴任中の新潟市で生まれているが、育ったのは東京である。弟は後に日銀総裁となる前川春雄。一九二八年に東大を卒業、ただちにパリへ行き、ル・コルビュジエのアトリエに入る。無給だったというが、それを助けたのが母方の伯父の佐藤尚武（佐藤の妹の夫が前川貫一）。後にフランス大使を経て外務大臣となる彼は外交官で、当時は国際連盟の日本の事務局長を務めており、主としてジュネーヴで仕事をしていたことになるが住まいはパリにあったようである。佐藤はジュネーヴでル・コルビュジエと会っており、前川のル・コルビュジエのアトリエ入所にも一定の役割を果たしている。一九三〇年に帰国してレーモンドの事務所に入る。結局ル・コルビュジエのアトリエにいたのは十四ヵ月。レーモンドの事務所には約五年いて、一九三五年に前川国男建築設計事務所（一九七五年からは株式会社前川建築設計事務所となって現在に至る）を開く。それ以降、神奈川県立図書館・音楽堂（1954年、ドコモモの「日本の近代建築20選」選定）、東京文化会館（1961年、「日本におけるDOCOMOMO100選」選定）など時代を画する仕事をし、またその事務所からは多くの建築家が育った。前川はリベラルな設計事務所のあり方を模索し、一時期、MID（Mayekawa Institute of Design）同人という一種のグループ名で作品を発表したこともある。亡くなったのは一九八六年、八十一年の生涯であった。

前川の戦前の作品で現存するものは二つある。弘前の木村産業研究所（1932年、現・弘前こぎん研究所、国登録文化財、「日本におけるDOCOMOMO100選」選定）と江戸東京たてもの園に移築された自邸（1942年、東京都指定有形文化財）である。木村産業研究所は鉄筋コンクリート造二階建ての事務所ビルで、前川の処女作ともされるが、たしかに統一的なヴォリューム感とパワーを欠いていて、少しバラバラな感じはするが、若々しく軽快な印象を与える建物である。正面玄関に庇を兼ねた余計かもしれないバルコニーが設けられており、側面には曲面に突出する壁があり、その内側に丸い独立柱が立っている。単純な箱型にはしたくなかったのであろう。自邸は、左右対称の大きな切妻屋根をもつ縦羽目板張りの木造平屋(一部に二階がある)で、南側の中央にとられた高く大きな開口部が印象的。その庇は、棟持柱のような丸い柱で支えられている。

なお、弘前には前川の作品が八つ現存し、それらは「弘前観光コンベンション協会」や「前川國男の建物を大切にする会」によって周知・維持支援されている。木村産業研究所の一部に「前川國男・プチ博物館」が設けられているが、それも「前川國男の建物を大切にする会」によって設けられたものという。前川と弘前の関わりは、前川の母親が津軽藩士の娘で(したがって先述の佐藤尚武も津軽藩士の息子)、フランス大使館付武官であった木村産業研究所の施主で津軽藩士の子息の木村隆三と前川がフランスからの帰国中に船で知り合い、それがきっかけで前川と弘前の深い関わりができていったとされる。

さて、戦前から果敢なモダニズムの闘士であった前川国男が、あの戦時中にいかに闘士然として生き抜いたか、あるいはいかに苦悩したかについて少し見ておこう。現実はそれほど単純ではなく、英雄物語ももう少し複雑なほうが、より真実味を帯びるだろうからである。佐野利器が『建築雑誌』(1942年9月号)の巻頭に「世界第一國たる國威の宣揚」と題し「正に我大日本は世界第一の強國であり富國たるの實力の完遂に進みつゝある。八紘爲宇の御詔は2600年にして眞に完遂の期に至った、生を此期に受けるもの誰か感激せざるものがあらうか、一個の國民としても、亦職能人としても各夫々の立場に於いて粉骨砕身、以て此完遂に奉仕することを念願せざるものはあるまい」と書いている時代である。

あの帝室博物館のコンペ(1931年)に対しても前川が必ずしも討死覚悟で応募したわけではないことは、すでに本書の「モダニズム建築と社会的正義」の章で述べた。彼は大連市公会堂のコンペ(1938年)では、少しクラシックな感じが加えられているとはいえ、基本的には同様なモダニズムの案を出して一等を得ている(当初は実施を意図したと思われるが実施はされなかった)。そして日泰文化会館(在盤谷日本文化会館)のコンペ(1943年)では、書院造り風とも見られるまったく和風の案で二等を得ている。それは、このコンペの「設計心得」に「建物自体ガ日本文化ノ宣揚上最重要ナル役割ヲ担当シ居ルヲ以テ簡素ニシテ優雅ナル我ガ国独自ノ伝統的建築様式ヲ基調トシ而カモ尚ホ徒ニ過去ノ模倣ニ流レズ各自ノ創意ヲ盛リ海外ニ初メテ建設セラルヘキ日本文化ノ殿堂トシテ誇ルニ足ルモノタルコト」とあったが故であるが、しかし帝室博物館のコンペの「設計心得」にも同様なものがあった。もっとも帝室博物館のほうは「内容ト調和ヲ保ツ必要アルヲ以テ日本趣味ヲ基調トスル東洋式トスルコト」であったのに対して、こちらのほうは端から「建物自体ガ……」ときているから多少は雰囲気が違ったかもしれない。

ところで、この日泰文化会館で一等を獲得したのは丹下健三であるが、丹下の案も寝殿造り風のものであった。丹下は、この日泰文化会館のコンペの前年（1942年）に「大東亜建設記念営造計画」の課題で催された日本建築学会展覧会設計競技にも一等を得ているが、その審査の幹事を務めた前川国男の審査評（『建築雑誌』1942年12月）が名高い。そこで前川は「兎も角も作者が『世界史的國民造形』の困難なる問題に正面からぶつかり、『大東亜造形文化の飛躍的昂揚』と云ふ今回の競技設計の副題に對し、その本道の一班を見事に回答された事は絶讃に價するものと謂はなければならないと同時にその對象が神社建築にとられた爲めに今日日本建築の造形的創造一般のはらむ普遍的な問題の核心も亦相當見事に外されてゐる事も我々は認めざるを得ない。よく申せば作者は賢明であった。悪く申せば作者は老獪であった。いづれにせよ此の作は金的の狙ひ打ちであったと申してよいと思ふ」と書き、この案は「幸福な場合」であるけれども「宿命的な擬古主義はまことに紙一重の彼方に隣合せてゐるのである」とし、「私はむしろ作者の紛々たる體臭を強く感じる」とまで記している。

こうまで書かしめた前川の苦悩は、この審査評と同じ号（『建築雑誌』1942年12月）に掲載された前川の論文「覺え書――建築の傳統と創造について」に少しうかがうことができるので、長くなるがその文の内容をたどってみよう。といいつつ、前川自身も行きつ戻りつで、この論文はわかりやすくはない。そこで彼は、こう書くのである。「美はしき國土が無残な空爆にさらされる危険を身近に感じる時」（米軍の本土空襲の最初は1942年4月18日で、この時東京も空爆されている）、「建築家の商賣の悲しさには、戦時下實現するものはかつがつ三十坪の住宅か生産關係のバラックであるのにすぎないのになほ建築の形を想ひ美しさを論じ國土の造形を胸に描かずにはゐられない身の因果を骨身に徹して思ひ知る」「此の求められたる政治力の結集も世界性の昂揚も相共に近代的な帝國主義的偏倚乃至は國際主義的抽象を共に離脱した歴史的世界の具體性に於て捉へられたる政治觀と文化觀とに立脚する點に重大な世界史的意義を有ち大東亜戦争が世界史轉換の聖戦たり得る重大なる契機がひそむ」「國家はもともと世界史的國家をその具體的な在り方となすべきであり國民は本来世界史的國民を措いて他にその具體的生命を保ち得る術を知らない。國家が國家として在ると云ふ事は他の國家に對して國家として在ると云ふ事であり、それ自身獨在的國家としての生命を有ち得ると云ふ事は意味をなさない」「かくの如き相互に獨立なる個性的國家の在る場所として哲學の所謂『無的普遍』としての世界が成り立ち、此等の個性的國家の竝存を認むる限りに於て個性的國家間相互に共通な媒介物が豫想され、此の媒介こそは我等が文化と呼ぶものに他ならない」「政治は……所詮は内に凝集せんとする求心力である、文化は世界性に於いて世界に擴散せんとする遠心力である」といった格調のある前置きがあって、伝統と創造という本題に入る。前川はしばしば

「世界史的」といふ言葉を使ふが、この言葉は国粋的ではないといふことを示さうとする護符のやうなものであつた。

本題は以下のやうに續く。「傳統とは創造への傳統であり創造とは傳統よりの創造であり、兩者は歴史的現在を成立せしむる對立契機であり聯關項であり、此の聯關項としての關係を離れ傳統とか創造とかが各々それ自體に於て獨立に捉へられるや否や、兩者は共に抽象的傳統と又抽象的創造として一は保守頑迷の迷路に他は新奇流行の偏倚に逸脱せざるを得ないのである」「新しき時代が過去の何れの時代に親近性を有つかはその選澤の自由に委ねられてゐるのである。何れにせよ最も親近性を持つ過去の時代の裡から新しき時代の動因としての傾向的必然性は生れ過去の様式的傳統のいづこよりか新しき様式的傳統の萌芽が育つのである」「創造は深く傳統を生きる事であり、傳統を生かす事は亦創造に生きる事の眞相がこれであらう」「故に様式の模寫的復興それ自身は何等具體的な傳統への沈潜とは言ひ難いのである」と行きつ戻りつ、容易に結論に至らない。「近世の原子論的世界觀は亦抽象的な國家主義、鎖國的な國粹主義の温床であり、同時に抽象的なコスモポリタニズムへの立脚點ともなる、我々は今やかくの如き獨斷的觀念論の立場にも又抽象的な國際主義的立場にも立つ事は出來ない」「個人は具體的には先づ以て種族の一員として兩親の子であり日本人は具體的には天皇の赤子であり父母の子であり、日本國民の一人として生れる外の途はない」「世界史的國民文化としての建築はその創造的地盤を深く國民的建築文化の傳統に求めねばならぬ事は既に明白である」「かつて大東亜戦争の前夜に我々は新しき日本の國民的建築を志向するものとして二つの傾向を持ってゐた。その一は所謂日本趣味建築であり、他の一つは所謂構造主義的建築であった。前者は文字通り擬古主義的な手法によって過去的日本の建築様式をその據り所とし、後者は材料構造の忠實なる表現が、日本建築精神の道であると主張したのである。この兩者はその外貌の甚だしい相違にも拘はらず、その志向したる所は新しき日本建築の様式であった事には間違はない。而かも前者には鎖國的國粹主義の雰圍氣が顕著に漂ひ、後者には國際主義的な雰圍氣が著しく昂揚した點も認められると思ふ。『日本趣味的建築』の傳統に對する態度は形を固守した傳統の抽象的把握に終り、構造主義的建築のそれは精神に偏倚した傳統の抽象的把握に終ったのである。而かも近代的な抽象的志向は餘勢をかって一を鎖國的國粹的に、他を國際的コスモポリタニズムに誘導する傾向を示した事は興味ある現象と言はねばならない。我々はかゝる抽象と偏倚とを脱却して具體的な傳統の把握によって世界史的な國民個性を陶冶せねばならない」としつつ、「英米打倒には矢張り英米的な機械と資本とを一應手に把って闘わねばならない所に日本的現實の深刻なる問題の潜む事を忘れてはならない」とし、「國家的結束の強大なる要請に應へた政治力の結集強化は必然的に文化に對する強力な呼びかけとなる事は當然であろう」としつつも「國家存立を強固ならしむるには政治力の強化と文化それ自體の強化が求められ、文化の強化をはかる政策が文化政策なのであって、文化政策とは文化を手段とすると云ふ意味ではない」「國民的建築は世界史的國民個性に陶冶された建築家の實踐によるより以外に國民的建築の出現は期待出來ぬのである」「我等の場合は斷じて帝國主義的侵略ではなく、凡ゆる文化領域に亙って『有り合』せの現代文化の検討清算が先行し、新文化の創造を努めるべき課題として擔ひつつ闘ひつつ諸地域を光被するのである」と書き、そして「たゞありのまゝに努力する誠實さをそのまゝ素直にムキ出して差支へないではないか……未完成な國民様式でもよいから安易な擬古主義に堕したり、安易な観念的傳統主義に陥らぬ正々堂々世界史的國民建築を素直に強靭に實踐して行くその誠實さを以て大東亜を、そして世界を光被するのが我々の最も正しい道である事を確信する」で結ばれる。

長々と引用することになったが、原文も二段組で五頁にわたる長文である。「世界史的」を強調しつつも、「天皇の赤子」とか「光被」という言葉を使っている。「国際的コスモポリタニズム」が禁じられている中での「世界史的」主張は苦しい。はっとするような文章は結局ないかもしれないが、前川が臨戦下においてやや流されつつも、ある種の平静さを保っていることがわかる。勇ましい英雄物語よりも、こちらの方が真実味があるし、先にあげた佐野利器の文章「世界第一國たる國威の宣揚」(『建築雑誌』1942年9月)や坂倉準三の文章「神々の復活」(『新建築』1942年1月)と比べてみても、前川の冷静さが感じ取られるのである。

木村産業研究所、正面外観　入り口は左側隅。右側は奥への通り抜け。横長の窓が規則的に並んでいる。

木村産業研究所、外観細部　入り口の部分。突出しているのが、庇をかねたバルコニー。

木村産業研究所、背面外観　手前に曲面で突出する出窓が見える。通り抜けの部分はピロティになっていて、円柱で支えられている。

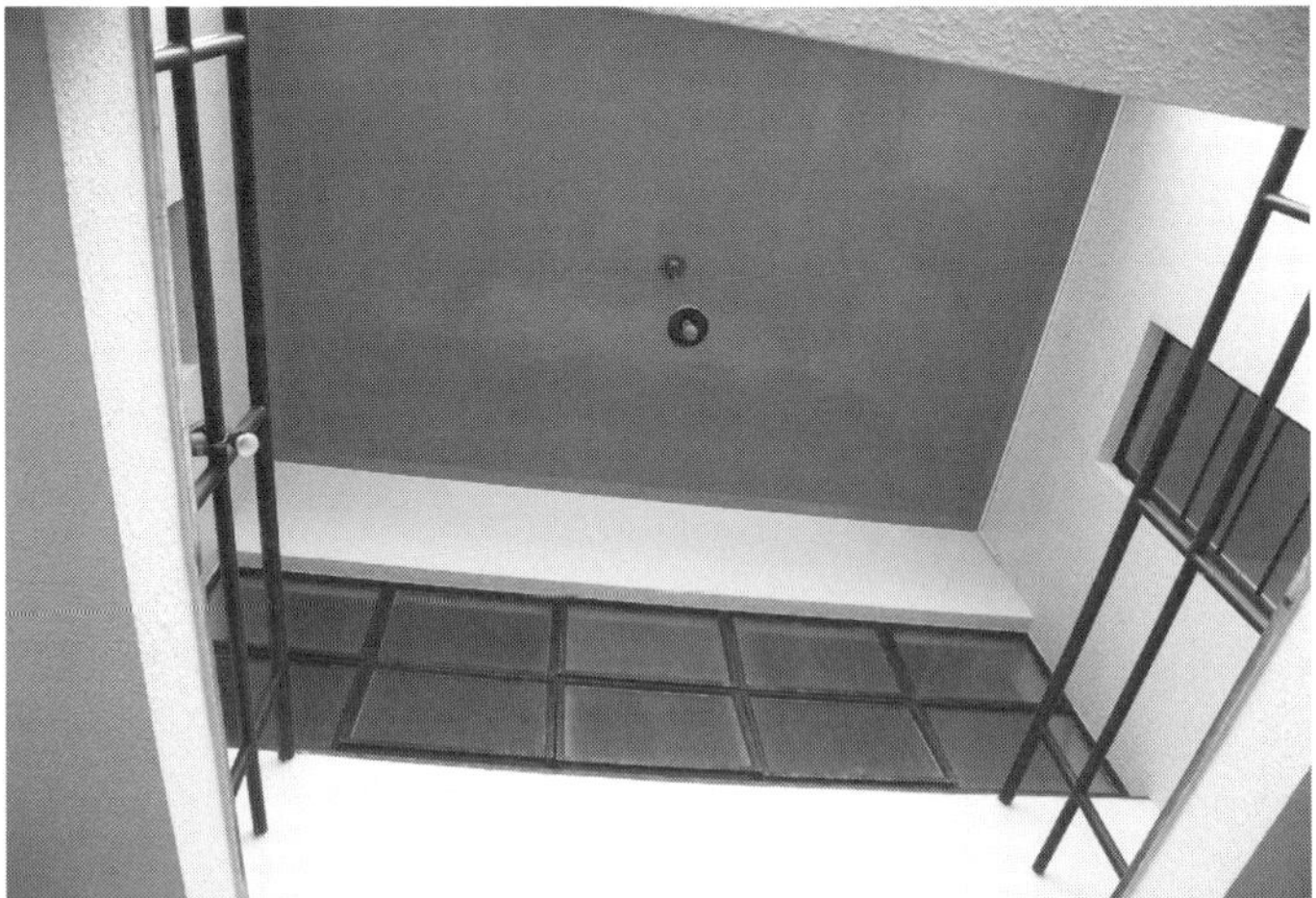

木村産業研究所、外観細部　玄関入り口部分の吹き抜け。この部分の天井は真っ赤な色に塗られている。

木村産業研究所、内部　曲面の出窓の内部。一本の円柱が立つ。

前川國男邸、外観　左右対称の大きな切妻屋根。中央の大きな開口部が目立つ。

前川國男邸、外観細部　中央の大きな開口部の庇を支える棟持柱風の円柱。

前川國男邸、内部　吹き抜けの中央の大きな窓と、背後の一部に設けられた二階への階段。

最後にちょっと寄り道

前川国男の苦渋に満ちた苦しい文章を長々と引用したので、少しうんざりされているかもしれない。そこで、最後のちょっとした寄り道になるが、戦前の仕事をいまに残しながらもモダニズムとは違う独自の道を歩んだが故にこれまでとりあげてこなかったユニークな建築家、あるいはまた一つのほのぼのとした夢を建築に託そうとした建築家を少しとりあげて、口直しのような章にして終わりたいと思う。

まず、藤井厚二（一八八八〜一九三八）。彼の戦前の住宅作品がいくつか残されており、そのうち四つを見てきたのだが、いずれも基本的には和風の木造の住宅で、外観はたしかにシンプルな感じはするが一見してモダニスティックというのではない。しかも内部は一つしか見ておらず、それに藤井はことさらにモダンであることを言挙げするタイプの人ではなかったようなので、結局、これまでにとりあげた十三人と並べることを断念したわけである。行って見た四つというのが、喜多邸（1926年、京都市左京区北白川伊織町）、聴竹居（1928年、京都府乙訓郡大山崎町）、八木邸（1930年、寝屋川市香里本通町）、小川邸（1934年、京都市左京区北白川小倉町）で、そのうち内部をみることができたのが聴竹居である。

聴竹居は、もとは藤井厚二の自邸であったが、現在はかつて藤井が在職した竹中工務店の所有となり、申込みをすれば内部の見学もできるようになっている。二〇一七年には国の重要文化財指定。藤井は聴竹居のある大山崎の広大な敷地を購入して、最適な設備を備え日本の風土に適した「実験住宅」を次々に建てていったが、聴竹居はその第五回目の実験的住宅という。彼の学位論文も「我国住宅建築の改善に関する研究」というものらしく、住宅の研究家でもあった。しかし、彼の住宅の意匠が実験的研究にすぎず無味乾燥かといえば、まったくそうではなく、随所に豊かな造形意匠がこらされている。とりわけ、この聴竹居の居間に食堂の一部が貫入した部分、その貫入部分の二つの壁の下端が四半円弧になっているところなどにはハッとさせられる。それに、自ら設計したというアール・デコ調のシックな時計も見られる。

藤井は広島県福山市の出身で東大を卒業した後に先述のように竹中工務店に勤め、その後京都大学の教官となっている。広大な土地を買っていくつもの実験的住宅を建て得たのも酒造業・金融業だった実家の豊かさの恩恵であろうが、あくせくしない幅の広い趣味人だったという。亡くなったのはわずかに四十九歳。

その藤井と京都大学の教官として一時期同僚であった森田慶一（一八九五〜一九八三）も分

離派建築会の創立時のメンバーでもあり、京都大学農学部正門（1924年、国登録文化財）と京都大学楽友会館（1925年、国登録文化財）という戦前の作品を残している。しかし、これらもたしかに分離派的な作品ではあるが、単純なモダニズムの作品ではない。とはいえ、双方に見られるわずかに曲線を描く尖りアーチには森田の造形的繊細さがうかがわれるのである。また、これらの設計にも根底には武田五一の指示があったようで、現に楽友会館の基本設計は武田五一だともされており、それで森田も結局とあげるのを断念したというわけである。

森田は三重県の出身で東大卒。卒業後短期間内務省に勤めて、京都大学に赴任。京都大学退職後も東海大学大学院で建築論を教え、ウィトルウィウスの翻訳・解題をはじめとする西洋古典建築の文献の研究を続けた学術的な研究者であった。とりわけ、建築の古典主義に関する研究で知られる。彼はオーギュスト・ペレを近代の古典主義的建築家として高く評価しているが、彼の戦後の作品、京都大学基礎物理学研究所湯川記念館（1952年）と京都国立博物館新陳列館（1965年、2009年解体）は両方ともペレ調であった。

高度に学術的で温厚そうな森田がなぜ分離派に加わったか少し不思議な気がするが、森田自身も日本建築学会の座談会「近代建築の歩みを聞く」で当時のことを訊かれて、「若気の至りでしょうね……たまたまそういうことになった」（『建築雑誌』1977年4月）と答えている。分離派の宣言文書『分離派建築會の作品』の中の森田の文章「構造派に就いて」も、構造派の基本的な価値を認めつつ、それが「もっと豊かな主観的な感情、情緒が溢れていてもよいはずだ」とするもので、ほとんど戦闘的でも論争的でもない。それから四年後に書かれた文章「構造について」(『森田慶一建築論集』彰国社、1958、分離派建築会の作品第3回の際に書かれた)でも、「建築が完全に構造力学の命ずるままに、主観の要素を全くぬきにして、つまり小さな個性などという成心にとらわれないで、造られた時最も美しいのだということと、建築の美しさが構造そのものの具現に在るということとは別のことである」と書いている。引用しだすとまたぞろ同じ轍を踏むことになるのでやめるが、森田は終始、単純なモダニストではなかった。時流と激しく切り結ぶことよりもっと超越的・高踏的な立場を歩もうとしたのであろう。森田の最初のウィトルウィウスの翻訳書は戦時中の一九四三年に生活社のギリシア・ラテン古典叢書の一冊として出版されたのである。

それからもう一人、森田と同年の生まれで、「日本のモダニズム建築の曙」の章で述べたメテオール建築会をたちあげた一人でもある今井兼次(一八九五〜一九八七)。彼は東京出身で早稲田大学卒。卒業後すぐに早大の教員となり、長く早大教授を務めた。早稲田退職後も関東学院大学の教授を務めている。一八九五年という彼の生年から考えると、現存する彼の戦前の仕事は意外に多いし、早稲田大学図書館(1925年、現・会津八一記念博物館、東京都認定歴史的建造物)という大作もある。彼の戦前の仕事で見てきたのが、旧・早稲田大学図書館に加えて、同じく早大キャンパス内の坪内博士記念演劇博物館（1928年）と日本学園一号館（1936年、国登録文化財、旧・日本中学校で早大に入る前の今井の母校）。それから、早大キャンパスのすぐそばにある公益財団法人早稲田奉仕園のスコットホール（1921年、東京都選定歴史的建造物、早稲田奉仕園は当初早稲田大学の学生寮であった）も基本設計はヴォーリズながら、内藤多仲と今井が実施設計をしたとされており、前著『日本のアール・デコ建築物語』の木子七郎のところでとりあげた旧・内藤多仲邸の設計にも今井は関わっているという。さらにまた今井は、建物ではないが代々木公園にある日本航空発始之地記念碑（1941年）と横浜の響橋（1941年、横浜市認定歴史的建造物）を設計しており、今井が早熟かつ多産の作家であったことを示している。にも関わらず、今井を先の十三人に加えなかったのは、その出発からして彼は単純なモダニズムとは一線を画した独自の造形を示そうとしており、その傾向は後年の今井の仕事に一貫して窺われるものだからである。

まず、デビュー作と思われる旧・早稲田大学図書館。これはまだ今井が三十歳になる前の仕事である。今井は一九一九年に早大を卒業しているが、この重要な仕事が若き生え抜きの助教授に託されたことになる。これは、概ね表現主義的な作品としてよいであろうが、単純に平滑で矩形の造形的細部というのはあまりない。内部はヴォールト天井であり、円柱は裾すぼまりになっていて、二段構えの独特の華やかな柱頭を載せる。今井は三十歳にしてすでに作風を完成していたとも思える。この点は、同じく独特の作品をつくりながら、最初期は試行錯誤的で統一感がないが、次第にきわめて力強いシンボリックでカリスマ的な造形に熟成していった白井晟一（一九〇五〜一九八三）と異なるところである。ついでながら、戦前の白井の作品は住宅や別荘がいくつか残されているらしいが、戦後間もなくの作品が保存されたり移築されたりして秋田県湯沢市に六件残されている。それで二〇一七年にそれらを見に行ったが、そのうちの一つ雄勝町役場（1956年）は同年三月に取り壊された後であった。

坪内博士記念演劇博物館は、そのテーマにふさわしいフォーチュン座というイギリスの劇場の意図的な模倣で歴史的な意匠をまとっているが、今井の戦前の仕事で最もモダニズム的なものは日本学園一号館であろう。これは正面こそ少しモニュメンタルな雰囲気をまとっているが、校庭側の出入り口は非常にモダンだし、内部の階段室もきわめてシンプル。正面にモニュメンタルな雰囲気を与えている巨大な四本の角柱も石張りのように見えるが「人造石ブロック小叩き仕上げ」だという。また、日本航空発始之地記念碑と響橋もかなりモダニズム的。日本航空発始之地記念碑は、めずらしく表現主義的なグロピウスの三月蜂起犠牲者追悼記念碑に少し似ているが、飛行機のイメージの鳥の彫像はさておきそれよりもシンプル。響橋は鉄筋コンクリートのアーチ形の橋であるが、欄干の柱も彫り込みはあるもののシンプル。

早大図書館の仕事の後、今井はヨーロッパへ長期間旅行しており、そこで出会ったエストベリ、ガウディ、シュタイナーの作品に感銘を受けたとされ、今井はこの三人の影響下に後の仕事をしていくことになる。エストベリからは折衷的とも思える融通無碍の造形とロマンティシズムを、ガウディからはシンボリックな造形と手作業のタイル仕上げ技法を、そしてシュタイナーからは精神性の付与を学んだ。これら、モダニズムの対極にあるロマン性、シンボル性、精神性の吸収は、もともと今井にそうした性格があったからであろう。ちなみに、今井は彼らの研究者としても知られており、ガウディのサグラダ・ファミリア内のミュージアムにも今井の作品と業績が紹介されている。また、ガウディやシュタイナーに関する研究の伝統はいまも早大に受け継がれている。戦後の今井の仕事としては、長崎の日本二十六聖人殉教記念堂（1962年）や皇居内の桃華楽堂（1966年）などが知られている。

ここにとりあげた人たち、そしてアール・デコ的な要素が強い人たちも、先の十三人とほぼ同時代を歩んだのであり、モダニズムに収めきれない理想と夢と信念を建築の上に表現しようとした。それを夢想や学問に逃避して日和ったと見ることは可能であろうが、逆に原理主義的なモダニストを付和雷同の単細胞と見ることもできる。

聴竹居　外観　シンプルで隅窓が見られる。

聴竹居　内部　食堂と居間の交わった部分。左の壁にかけられた時計が自身のデザインによるもの。

京都大学農学部正門　菱形断面の二本の門柱の両脇に尖りアーチが見られる。

旧・早稲田大学図書館　左側の側面が本来の正面入り口だが、いまはこの部分が入り口。

日本学園一号館　正面外観　シンプルなクラシシズム。4本の柱の仕上げは人造石ブロック。

日本学園一号館　校庭側外観　シンプルでモダン。側面の袖壁に円窓が見られる。

日本学園一号館　隅部の塔状飾り。ル・コルビュジエ風でもある。

日本航空発始之地記念碑　かなり大きい。鳥の彫刻は泉二勝磨の作品という。

響橋　欄干の柱　側面に鉤型のデザインが見られる。

あとがき

古いモダニズムの建物の魅力を、建築を専門としない一般の人々に認めてもらうのはなかなかに難しい。煉瓦造の建物だともうそれだけでわかってもらえるし、別段、身近に煉瓦造の建物があったわけではない環境で育った人からでも、なつかしいねえとかほっとするねといった声が漏れる。あるいは、建物に時代を経たそれらしきシンボリックな部分や装飾があると、いいねえ、かわいいいねえということになるが、飾りがなにもなくて、広くて大きいだけのガラス窓を見ても誰も驚かない。大きくきれいなガラスで包まれた建物はどこにでもあるし、いまの建物と少しも変わらない。なんの変哲もないし、むしろみすぼらしいということになってしまう。というわけで、モダニズムの建物の保存運動に一般の人の支援を得るのはなかなか大変なようである。

そこで持ち出されるのが、設計した建築家の名前である。誰それが設計したから価値があるとか重要だというわけである。実際、すでに広く名を知られたモダニズムの建築家もいて、彼の作品なら大切だろうと思わせる人もいる。しかし、そうでない人もしばしば目を瞠る仕事をしているし、それがいまも残されているのである。本書には、そうした人たちの仕事もとりあげた。かれらの仕事と、後に巨匠になる人たちとの仕事の差は、その時点ではほとんどない。つまるところ、人の業績はその人のトータルな仕事で判断されるのであろう。巨匠たちの仕事は、すでに多くの人に知られているであろうが、若くして亡くなったり、継続的に仕事を続けられなくなったりして、ある時点だけだが瞬間的にすばらしいモダニストとして輝いた人の仕事も知ってほしい。

モダニズムの建築家たちは、設計するのみならず、たくさん書き、たくさん語った。それはまた彼らの自己表現でもあったが、使命感と正義感に燃えていたのも確かである。彼らは社会の変化とともに建築もかわらなければならないと信じ、社会のよき未来を信じ、建築自体がその未来をつくる原動力となると信じ、そしてその社会での建築の使命を考えた。あるいは、その社会をつくるために、建築家の国際的な連携も夢見た。彼らの活動によって世界の建築家たちは横一線で活躍することができるようになったのであり、彼らは世界におけるいまの日本の建築界の高い評価をつくるパイオニアだったとも言える。それで、彼らはしばしば英雄視されてしまうが、事実はそれほど単純ではなく、かれらもまた悩みつつ、行きつ戻りつして歩んだのである。本書は、その「英雄」の真の姿にも少し切り込もうとしたレポートでもある。

前著『日本のアール・デコ建築物語』(王国社、２０１６)を出してからしばらくして、王国社の山岸久夫氏より、『モダニスト再考[日本編]建築の20世紀はここから始まった』(彰国社、２０１７)の存在を教えられ、ついでに『モダニスト再考[海外編]』とＨ・Ｆ・マルグレイヴ『近代建築理論全史 １６７３－１９６８』(加藤耕一監訳、丸善出版、２０１６)も読んで、少し刺激を受け、アール・デコばかりではなく少しモダニズムの建物も実際に見てみようと考え、本書を書くに至ったというわけである。また、あちこちを旅行したが、かなり強行軍になったところもあった。「なんの変哲もない」事務所ビルを見に、雪の降りしきる中を歩いたこともあった。同行してくれた妻、加代子に感謝したい。

山岸久夫氏からは最新の建築出版物の様々な情報をもらい、また建築の状況についての厳しい意見ももらった。今井兼次についてもいろいろ教わった。氏の期待にどこまで応えているかについてははなはだ心許ないが、多少はまじめに外国の雑誌や本も調べたので、少しは新味を加えているのではないかと思っている。読者諸氏には、その部分だけでも読んでいただければ大変うれしい。

二〇一八年一月

吉田鋼市

掲載建物所在地一覧

◉本野精吾（1882-1944）

- 西陣織物館（1914年、現・京都市考古資料館、京都市指定登録文化財）　京都市上京区今出川通大宮東入元伊佐町265-1
- 本野精吾自邸（1924年、「日本におけるDOCOMOMO100選」選定）　京都市北区等持院北町
- 鶴巻鶴一邸（1929年、現・栗原邸、国登録文化財、「日本におけるDOCOMOMO135選」選定）　京都市山科区御陵大岩
- 京都高等工芸学校本館・東門・門衛所・倉庫・自動車庫（1930~31年、本館は現・京都工芸繊維大学3号館、5棟とも国登録有形文化財）　京都市左京区松ヶ崎橋上町1

◉アントニン・レーモンド（1888-1976）

- 星薬科大学本館（1924年、「日本におけるDOCOMOMO184選」選定）　東京都品川区荏原2-4-41
- エリスマン邸（1926年、横浜市認定歴史的建造物）　横浜市中区1-77-4（元町公園内）
- イタリア大使館別荘記念公園本邸（1928年、国登録文化財）　栃木県日光市中宮祠2482
- フェリス女学院大学10号館（1929年、旧・ライジングサン石油会社社宅、横浜市認定歴史的建造物、「日本におけるDOCOMOMO135選」選定）　横浜市中区山手町38
- グリーンハウス（1932年、旧・藤沢カントリー倶楽部クラブハウス）　藤沢市善行7-1-2 神奈川県立体育センター内
- ペイネ美術館（1933年、旧・レーモンド軽井沢別荘「夏の家」）　長野県北佐久郡軽井沢町大字長倉217　軽井沢タリアセン内
- ナミュール・ノートルダム修道女会東京修道院（1934年、旧・赤星鉄馬邸）　東京都武蔵野市吉祥寺本町4-26-21
- 不二家横浜センター店（1937年）横浜市中区伊勢佐木町1-6-2

◉川崎鉄三（1889頃-1932）

- ジャパンエキスプレスビル（1930年）横浜市中区海岸通1-1
- インペリアルビル（1930年、横浜市認定歴史的建造物）　横浜市中区山下町25
- 昭和ビル（1931年）　横浜市中区海岸通1-1

◉山田守（1894-1966）

- 門司郵便局電話課（1924年、現・NTT門司電気通信レトロ館）　北九州市門司区浜町4-1

- 千住郵便局電話事務室（1929年、現・NTT東日本千住ビル）　東京都足立区千住中居町15
- 荻窪郵便局電話事務室（1932年、現・NTT東日本荻窪ビル）　東京都杉並区荻窪4-31
- 広島逓信診療所（1935年、現・広島逓信病院旧外来被爆資料室、「日本におけるDOCOMOMO164選」選定）　広島市中区東白鳥町19-16
- 熊本貯金支局（1936年、熊本市役所花畑町別館であったが2017年6月に取り壊された模様）　熊本市中央区花畑町3
- 広島電話局西分局（1937年、現・NTT西日本十日市ビル）　広島市中区西十日町10-15

◉吉田鉄郎（1894-1956）

- 京都中央電話局上分局（1923年、現・フレスコ河原町丸太町店）　京都市上京区丸田町通河原町東入ル駒之町561-1
- 検見川無線送信所（1926年、「日本におけるDOCOMOMO135選」選定）　千葉市花見川区検見川町5-2069
- 京都中央電話局（1926年、現・新風館）　京都市中京区烏丸通り姉小路下ル場之町586-2
- 別府市公会堂（1928年、別府市指定文化財、「日本におけるDOCOMOMO164選」選定）　別府市上田の湯町6-37
- 別府郵便電話局電話分室（1928年、現・別府市児童館、国登録文化財）　別府市末広町1-3
- 馬場氏烏山別邸（1937年、現・第一生命グラウンド光風亭、「日本におけるDOCOMOMO145選」選定）　東京都世田谷区給田1-1（非公開）

◉堀口捨己（1895-1984）

- 小出邸（1925年）　東京都小金井市桜町3-7-1　江戸東京たてもの園内
- 水戸測候所（1935年、現・水戸気象台堀口庁舎）　水戸市金町1-4-6

◉土浦亀城（1897-1996）、山脇巖（1898-1987）

- 土浦亀城自邸（1935年、東京都指定文化財、ドコモモの「日本の近代建築20選」選定）　東京都品川区上大崎2丁目
- 旧・三岸アトリエ（1934年、国登録有形文化財）　東京都中野区上鷺宮2丁目

◉山越邦彦（1900-1980）

- 旧・燿堂ビル（1931年、現・日本穀物検定協会横浜事務所）　横浜市中区山下町157-2

◉坂倉準三（1901-1969）

- 旧・飯箸邸（1941年、現・ドメイヌ・ドゥ・ミクニ、「日本におけるDOCOMOMO115選」選定） 長野県北佐久郡軽井沢追分小田井道下46-13
- 旧・神奈川県立近代美術館本館（1951年、神奈川県指定文化財、ドコモモの「日本の近代建築20選」選定） 鎌倉市雪ノ下2-1-53
- 東京日仏学院（1951年、現・アンスティチュ・フランセ東京） 東京都新宿区市谷船河原町15

◉山口文象（1902-1978）

- 東京電力山崎発電所および早川取水堰（1936年、「荻窪用水と関連施設（取水堰）」として土木学会選奨土木施設に認定） 神奈川県足柄下郡箱根町湯本
- 梅月堂（1936年、現・YT梅月館、「日本におけるDOCOMOMO145選」選定） 山形市七日町1-4-26
- 日本電力黒部川第二発電所（1938年、「日本におけるDOCOMOMO100選」選定、「日本の近代土木遺産2800選」選定、「とやまの近代歴史遺産百選」選定） 富山県黒部市宇奈月町黒部
- 山口文象自邸（1940年、現・クロスクラブ） 東京都大田区久ヶ原4丁目
- 林芙美子邸（1941年、現・林芙美子記念館） 東京都新宿区中井2-20-1

◉谷口吉郎（1904-1979）

- 慶応義塾幼稚舎（1937年、ドコモモの「日本の近代建築20選」選定） 東京都渋谷区恵比寿2-35-1
- 慶応義塾大学日吉寄宿舎（1937年、横浜市認定歴史的建造物、「日本におけるDOCOMOMO184選」選定） 横浜市港北区箕輪町1-11-19

◉前川国男（1905-1986）

- 木村産業研究所（1932年、現・弘前こぎん研究所、国登録文化財、「日本におけるDOCOMOMO100選」選定） 弘前市在府町61
- 前川國男邸（1942年、東京都指定有形文化財） 東京都小金井市桜町3-7-1 江戸東京たてもの園内

吉田鋼市（よしだ　こういち）

1947年、兵庫県姫路市生まれ。

1970年、横浜国立大学工学部建築学科卒業。

1977年、京都大学大学院建築学専攻博士課程単位取得退学。

1973～75年、エコール・デ・ボザールU.P.6および古建築歴史・保存高等研究センター在学（仏政府給費留学生）。

横浜国立大学教授、同大学院教授を経て現在、同大学名誉教授。工学博士。

著書　『鎌倉近代建築の歴史散歩』（港の人）
『日本のアール・デコ建築物語』（王国社）
『日本のアール・デコの建築家』（王国社）
『日本のアール・デコ建築入門』（王国社）
『図説アール・デコ建築』（河出書房新社）
『西洋建築史』（森北出版）
『アール・デコの建築』（中公新書）
『トニー・ガルニエ「工業都市」注解』（中央公論美術出版）
『オーギュスト・ペレ』（鹿島出版会）
『トニー・ガルニエ』（鹿島出版会）
『オーダーの謎と魅惑』（彰国社）　ほか
訳書　N.ペヴスナー『十九世紀の建築著述家たち』（中央公論美術出版）
P.A.ミヒェリス『建築美学』（南洋堂出版）　ほか

日本の初期モダニズム建築家

2018年3月30日　初版発行

著　者──吉田鋼市　
発行者──山岸久夫
発行所──王 国 社
〒270-0002 千葉県松戸市平賀152-8
tel 047（347）0952　fax 047（347）0954
郵便振替 00110-6-80255
印刷　三美印刷　製本　小泉製本
写真──吉田鋼市
装幀・構成──水野哲也（Watermark）

ISBN 978-4-86073-067-3 *Printed in Japan*